徹底討論！
問われる宗教と〝カルト〟

島薗 進 Shimazono Susumu
釈 徹宗 Shaku Tesshu
若松英輔 Wakamatsu Eisuke
櫻井義秀 Sakurai Yoshihide
川島堅二 Kawashima Kenji
小原克博 Kohara Katsuhiro

NHK出版新書
692

はじめに

NHK「こころの時代」チーフ・プロデューサー　鎌倉英也

二〇二二年七月八日。午前一一時半頃に起きた安倍《あべ》晋三《しんぞう》元首相銃撃事件は、その発生直後から政治信条によるテロではないかという憶測《おくそく》が駆けめぐったが、早くも、当日夜に開かれた奈良県警の記者会見によって、様相が一変した。

犯行動機として「特定の団体に恨みがあり、安倍元首相がこれと繋《つな》がりがあると思い込んで」という被疑者の供述内容が捜査一課長から発表されると、間を置かずしてその団体が「世界平和統一家庭連合」いわゆる旧統一教会であることが明らかにされていったのである。安倍元首相本人のみならず、祖父の岸信介《きしのぶすけ》元首相以来、深い繋がりがあった事実が次々と世に知られるところとなり、以後、各メディアはこの事件を、特定の宗教団体と政治権力の癒着《ゆちゃく》という問題として連日報道することになった。

私たち「こころの時代～宗教・人生～」番組制作班は〝カルト〟という言葉が飛び交い、さまざまな情報が錯綜《さくそう》する日々のなかで、ある種の隔《かっ》靴《か》掻痒《そうよう》とも言うべき違和感を抱き始めていた。

確かに、政治と宗教については真っ先に検証すべき問題だが、一方で、なぜ被疑者の母親は一億円にも及ぶと伝えられる献金をし、家庭崩壊に至るまで信仰にのめりこんだのか、その根源的な問いが棚上げにされていないだろうか。実は今、宗教そのものの本質が問われる局面に至っているのではないか。そもそも宗教と〝カルト〟の間にはどのような線引きができるのだろうか。

これらの問題は、宗教を扱う番組を担当してきた制作班として看過《かんか》できないと考え、私たちは年末の放送を目指し、準備を始めた。その矢先、編成局から「年末と言わず、ぜひ速やかに制作してほしい」という激励の後押しを受けることにもなった。

無論、一刻も早く放送すべきだが、他方、慎重な議論が不可欠で、時流に乗るばかりの上滑りな番組にしてはならない。この難題を乗り切る上で活《い》きたのが、「こころの時代」班が四〇年に及ぶ番組制作のなかで培ってきた宗教関係者のネットワークだった。

どの方がどんな分野で、どのような思考をされているか、そのお人柄も含めて、先輩ディレクターから受け継がれた人間関係の蓄積が、極めて短い制作期間でも本質的な論点を導き得るという確信となった。こうして番組の方向性は、インタビューや二者対談ではなく、この問題を的確かつ多角的に語り得る六名の出演者による徹底討論という構成に定まったのである。

緊急番組のため、空きスタジオもほとんどなく収録可能な日が限られていたが、六名の皆さんとも極めて多忙なスケジュールを調整して出演を快諾《かいだく》していただいた。いずれの方からも、避けては通れない、今こそ語らねばならない、という切迫感や強い意志が感じられた。

こうして、放送を見た宗教関係者から「あの問題を語る上で日本を代表するベストメンバー」という感想が寄せられるほどの、〝カルト〟問題や宗教の現場の最前線で活動されてきた錚々《そうそう》たる論者による討論が実現したのである。

東京大学名誉教授で上智大学グリーフケア研究所前所長の島薗《しまぞの》進《すすむ》さんは、新宗教やスピリチュアル研究が専門で日本宗教学会会長も歴任された宗教学の第一人者である。旧統一教会の問題をグローバルな視点からとらえ、民主主義の低落とともに台頭傾向にある、いわゆる宗教右派と専制的な政治手法をもつ集団との関係性に論及している。

北海道大学大学院教授で宗教社会学者の櫻井《さくらい》義秀《よしひで》さんは、一九八七年から三五年という長きにわたって旧統一教会について継続的に研究してきた専門家であり、その徹底した現場調査から積み上げたファクトによって浮かび上がる問題の実相を報告されている。その論点は、従来の〝カルト〟の定義ではとらえきれないロビイング集団としての旧統一教会のコングロマリット（複合企業体）的な側面に及ぶ。

東北学院大学教授の川島堅二《かわしまけんじ》さんは、四代続くプロテスタントの家庭に生まれ育った牧師であり、日本脱カルト協会の顧問を務める宗教学者でもある。大学のキャンパスで、実際に〝カルト〟集団がどのように学生に接近するか、脱会させることがいかに困難か、身をもって体験してきた。被害者であった学生が加害者に転ずるという現実にも向き合い、その救済にあたっている。

小原克博《こはらかつひろ》さんは、キリスト教思想や宗教倫理を専門とする同志社大学神学部教授であり、牧師として信仰の場にも身を置いてきた。旧統一教会問題の原因のひとつとして日本における宗教リテラシーの欠如をあげる。その観点から、戦前の国家神道による政教一致と戦後の政教分離の間には、ある種の連続性があるのではないかと問いかけ、国家と宗教の関係についてフランスやドイツの例も掲げながら分析している。

釈徹宗《しゃくてっしゅう》さんは、相愛大学学長を務める宗教学者であり、浄土真宗の僧侶でもある。現実社会の価値観や尺度だけに縛られない宗教の重要性を語る一方、宗教が併《あわ》せ持つ危うさも指摘し、宗教が内包する暴力性や差別性を稼働させないようなリミッターを、宗教集団が常に社会と向き合うことで設け続ける必要があると説く。

若松英輔《わかまつえいすけ》さんは、カトリック信徒の批評家で、聖職者とは異なる立場から、自《みずか》らの信仰や宗教の問題を数多《あまた》の著作に綴《つづ》ってきた。「恐怖」「搾取《さくしゅ》」「拘束《こうそく》」を強いる宗教はどんな看板を掲げていても〝カルト〟になり得るとし、宗教には、人に一方的に「疑いなき道を教え込む」のではなく、「疑うことにも意味がある」と説く役割があるのではないかと提言している。

放送後、この番組はさまざまな展開を見せた。

番組をきっかけに、島薗さんと櫻井さんが代表となり、宗教研究者二五名による「旧統一教会に対する宗務行政の適切な対応を要望する声明」がまとめられて記者会見が開かれ、片や、驚くべき量と質の反響が視聴者の皆さんからＮＨＫに寄せられた。

なかでもとりわけ多かったのが、今回の討論によって浮き彫りとなった〝カルト〟と宗教の問題や、その解決の道筋のひとつとして提起された宗教リテラシーの具体的な実践について、さらにさまざまな角度から議論を深めてゆく続編を制作してほしいという要望だった。

旧統一教会問題を契機として問われた宗教と〝カルト〟の問題は現在進行形であり、決して一過性のものではない。そして、「無宗教」を自称する人々にとっても他人事《ひとごと》ではない。公共メディアとして課せられた宗教リテラシーの一端を担うため、「こころの時代」では、今後も問題の動向を見極めながら、普遍的な議論に繋げてゆくための続編を継続的に企画し、制作してゆこうと思う。

本書は、その出発点であり、これからの道標《みちしるべ》でもある。

徹底討論！　問われる宗教と〝カルト〟　目次

第Ｉ部

〝カルト〟問題の根源をさぐる

第1章

〝カルト〟とは何か？

宗教と〝カルト〟がはらむ問題

島薗　今回は、「問われる宗教と〝カルト〟」というテーマで話し合いをしていきたいと思っております。

　二〇二二年七月八日に安倍晋三元首相の銃撃事件が起きたことで、多くの人が改めて宗教に関心を持つ事態になりました。今回は、事件の容疑者が旧統一教会[*1]の問題で苦しんできた人だったことから、なぜそういったことが起きたのか、そもそも宗教とは何か、あるいは現代人にとって宗教は何か、政治と宗教はどのような関係にあるのかといったことまで、さまざまなことに問いがひろがっていくと思います。

小原　第一部の司会進行をする小原克博と申します。さっそくですが皆さん、ご自身が旧統一教会と関わるようになった経緯や、今回の討論で深めてみたいテーマなどについてお話しいただけますか。

櫻井　私が旧統一教会に最初に触れたのは一九八七年、三五年前にまでさかのぼります。そのとき、札幌市に「社会病理研究会」[*2]というものがありまして、霊感商法を担当したんです。それで弁護士や消費者センターのもとへ通うようになりました。

　一九八一年に北炭《ほくたん》夕張《ゆうばり》炭鉱《たんこう》の大事故[*3]が起きたのですが、そのときにご主人を亡くされた女性が弔慰金《ちょういきん》をもらったんですね。しかし彼女は、弔慰金のうち一〇〇〇万円相当を霊感商品の購入に費やしてしまった。そこでカルト被害のケースを初めて見て以来、霊感商法や旧統一教会の問題を追っています。

若松　私たちはいま、宗教とカルトの問題をよく考えてみなければならないところにいるのだと思います。

　そこで私は、宗教とカルトが、似て非なるものだということを改めて考えてみたいと思っています。似て非なるものとは、もしかすると外見上は同じに見えるかもしれないけれど、その本質を異にするということです。

　いま少し残念に思っているのは、宗教者、あるいは信仰者たちがこれまで、自分たちのありようを自分たちの言葉であまり語ってこなかったということです。そういったことを、もう少し語っていいし、語らなければならない。

　自分たちの本当の使命はいったい何なのか、どのような形で世の中とつながっていきたいのか。そのようなことを、肉声で語るべきときに来ているのではないか。そんなことも皆さんと考えてみたいと思っています。

川島　私は「日本脱カルト協会」[*4]で顧問を務めているのですが、ここ五年ぐらいで宗教二世、あるいはカルト二世の問題がずっとテーマになってきました。それには、必然性があると思っています。

日本では、一九七〇～八〇年代にカルトが盛んに布教を始めていきました。その頃に大学生だった人や若くして信者になった人たちが、結婚して子どもをもうける。その子どもたちがカルト二世になっていきました。この問題が二〇年という年月を経て浮上してきた。私はそのように理解しています。

その観点で見ていくと、今回の事件は、カルト二世の問題が一つの臨界点に達したのだと言えるのではないでしょうか。

釈　私が旧統一教会の問題について詳しく知るようになったのは、皆さんに比べると最近のことです。六年ほど前に「全国霊感商法対策弁護士連絡会」とご縁ができて、いろいろと教えていただくようになりました。

そのときから今回の痛ましい事件へとつながるような、政治家と教会との関係はずいぶんと議論されていました。

これまでもオウム真理教事件や、九・一一のテロ事件など、宗教が論じられる機会は何度かあったのですが、いずれもスキャンダラスなトピックに終始してしまって、これからの社会と宗教のあり方を深く考えるところまで、議論がおよばなかったのではないかと思います。ですので今回、宗教について改めてしっかり考える機会になればと願っています。

小原　私が関心を持ってきたのは、宗教と政治、宗教と国家の問題です。私たちは戦後社会に生きていますので、戦前のことは終わったことだと思いがちです。つまり、戦前の政教一致、祭政一致体制から、戦後の政教分離[*5]へ進む際、両者に断絶を見がちです。

しかし私自身は、戦前と戦後にそれほど大きな断絶はないと思っています。むしろ、さまざまなものが連続していまに至っているのではないか。そのような観点から皆さんと一緒に議論していきたいと思います。

〝カルト〟の定義とは

小原　まず出だしの議論として、「カルトとは何なのか」ということについて考えていきたいと思います。そのために、川島さんから問題提起をしていただけますか。

川島　私が宗教学・キリスト教学担当の教員として大学に職を得たのは一九九四年でした。その翌年、一九九五年の三月にオウム真理教の地下鉄サリン事件[*6]が起きて、非常に衝撃を受けました。

　それまでは、自分の専門領域は近代におけるキリスト教の思想でしたけれども、大学で宗教学を教えていく限り、カルトの問題は避けては通れないと感じたんです。そこで、専門家やカルトの被害者・脱会者など、さまざまな立場からオウムの問題を考えようと結成された日本脱カルト協会に参加して、カルトの問題を考えてきました。

　当時、カルトはどのように学生たちにアプローチしていたかですが、まず、初期の一九七〇～八〇年代には、たとえば旧統一教会は路上で「手相を勉強しているものですが」と言って手あたり次第に声をかけていく手法が主でした。それがコロナ禍以降は、ＳＮＳを非常に巧みに利用しています。

　大学生たちが利用する良質な出会い系のＳＮＳがあります。有料で、外国人と知り合うことができて、ネイティブの英語や中国語を使う機会を提供してくれるようなＳＮＳです。そのようなところにカルトの布教者が紛れ込んでいて、巧みに自分たちの集まりに誘導する。私が見てきたカルトは、そういったものでした。

　ここではまず、「カルトとは何か」について私なりの理解を提示してみようと思います。

カルトという言葉には、非常に広い意味があります。一般的には、代表的な国語辞典などが採用している、「マイノリティの集団である」ということと「熱狂的な崇拝《すうはい》行為などを実践している」という二点で定義されていると思います。

しかし、この二点のみでカルトを定義すると、たとえば大学内でカルト対策を講じる必要もないわけです。大学でカルト対策をするときには、この定義にプラスして、「関わってしまうと違法行為に巻き込まれる」あるいは「知らずして人権侵害的な行為を犯してしまう」というものを加えます。

学生は最初、勧誘されるわけなので被害者です。しかし、ときを置かずして今度は加担する側、つまり加害者に変わっていく。

そういう意味で、マイノリティ集団で、熱狂的な崇拝行為を実践している団体で、関わってしまうと違法行為や反社会的な行為に巻き込まれて、自分も不利益を被《こうむ》るし、社会や身近な人々に対しても不利益を被らせてしまうような団体、それを私の中ではカルトと考えています。

小原　では、特に旧統一教会に関して詳細な調査を続けてこられて、その実態を熟知している櫻井さんから、旧統一教会に関わる問題を中心に「カルトとは何なのか」ということに迫っていただけますか。

櫻井　いま川島さんから社会問題性のある集団という形でカルトの定義がなされたと思います。その中には、正体を隠した勧誘や、違法な物品販売、献金強要などの問題が含まれています。

その点では、旧統一教会のカルト性は歴然としています。しかし私は、この押さえ方だけでは旧統一教会を認識するのに不足があるのではないかと思っているんです。

旧統一教会は、規模としては日本だけで五～六万人の信者がいて、世界全体を含めれば相当数の信者がいます。また、教団自体がコングロマリット的に、経済団体や政治的ロビイング団体などを複合しています。ですので、「カルト」という収め方にストンと落ちないのではないかと思うんですね。

しかも、政治に関わる動機が他のカルト視される集団より極めて強い。また、政治家の庇護《ひご》を受けながら成長してきたということが歴然としていますし、しかも日本では七〇年ほどの定着の歴史がある。

ですので、旧統一教会を捉えるためには、政治と宗教の関わりといった側面も含めて見ていくべきだと思っています。

島薗　私のように宗教学や宗教社会学を研究している立場、あるいは、おそらく法学の立場からも、カルトの定義は非常に難しい。なので、カルトという言葉は学術用語としては使えないというのが、私たち学者の考えです。

けれどもいま、社会が懸念《けねん》していることに関して言えることは、カルトが「非常に閉鎖的で、排外的」ということでしょう。閉鎖的にひきこもるだけではなくて、敵との対立感を強く持って外に向かって攻撃的に打って出る側面があります。

そのような団体は通常、社会との摩擦を激しく起こすので、社会からのさまざまな抑制が働く場合が多い。しかし、旧統一教会の場合はその点が非常に特殊です。つまり、かなり攻撃的に社会に関わったにもかかわらず、抑制がきかなかった。これは政治的な庇護を受けたことが、非常に大きいですね。

越えてはならない三つの壁

小原　いま私たちは「カルトとは何か」ということを問うているわけですが、おそらく、それは同時に、「宗教とは何か」という問いへと帰っていくのだと思います。

そこで、若松さんにお尋ねしたいことがあります。冒頭で、宗教とカルトは似て非なるものだという発言がありましたが、その点について、もう少し説明していただけますか。

若松　宗教とカルトは似て非なるものだというのは、宗教は一歩間違えれば〝カルト〟になる可能性をはらんでいる、ということです。

ですので私たちは、宗教がカルト化しないために、絶対に越えてはならない「壁」について考えを巡《めぐ》らせる必要がある。私は、大きく三つあると思っています。

まず一つ目は「恐怖」です。恐怖によって人を縛《しば》りつけようとするもの、これが世の中でまっとうな宗教だと思われている教団であったとしても、仮に恐怖で人を縛りつけてしまったとしたら、私は、それはカルトだと思うんです。恐怖によって人を縛りつけてしまったら、宗教と呼ぶには値しない。それは、いかなる宗教であろうと関係ありません。

二つ目は「搾取《さくしゅ》」です。いま問題になっているのは、持たざるものから、その人の生活が破綻《はたん》するまで何かを搾取しようとすることです。搾取には、本当の意味での自由がありません。

三つ目は、「拘束《こうそく》」です。宗教が真の意味で宗教であるのであれば、出入りは自由だと思うんです。その団体に「属している」「属していない」ということを自由におこなうことができる。人生の中で、ある時期はとても熱心に宗教活動をしていたけれど、途中で宗教活動をしなくなるということが問題にならない。

宗教というのは、その扉に鍵がかかっていないはずなんです。もし、何らかの宗教が、内側から鍵をかけるようなことがあれば、それは宗教と呼ぶには値しないのではないでしょうか。

宗教が知らず知らずのうちに、恐怖と搾取と拘束をおこなってはいないだろうかということを、もう一度考えてみたい。もし、その中の一つにでも触れることがあれば、どんなに歴史的な看板がある宗教であったとしても、一度距離を保つべきだと思うんです。

小原　確かに伝統宗教も、ややもするとカルト化していくといいますか、恐怖を武器に人を集めたり、お金を集めたりすることは、これまでもありました。私はプロテスタントの信者ですが、アメリカのプロテスタント保守派の場合には、終末論[*7]的な恐怖やこの世的な成功を駆り立てて熱狂を生み出したり、お金を集めたりするようなことは後を絶ちません。

これはキリスト教に限った話ではないのかもしれませんが、宗教には「もしあなたたちが○○しないと、こんなところに行くんだ」と恐怖を利用してきた歴史があります。そういったことに対して、私たちは批判的である必要があります。

宗教の「近景・中景・遠景」

釈　旧統一教会は、かなり悪質で大きな問題を抱えていると言わざるを得ません。私はカルトと宗教を考えるときに、各宗教集団がどれほど対話可能かという点が重要だと思っています。宗教間の対話が成り立つかどうかが、カルトと宗教を見極めるための一つの目安になり得るんです。

　絵画で景観を捉えるときの手法として、「近景・中景・遠景」というものがあります。近くのものを描くときは近景、遠くのものを描くときは遠景、そのあいだを描くときには中景。そのように景観を区別するんですね。

　これを宗教の構図に当てはめてみると、「私自身」の問題は近景で、遠景には「聖なるもの」「聖なる領域」というものを設定することができます。その聖なるものと私自身とが直結するのが宗教体験と言われるものです。その私自身と聖なるものとのあいだ、つまり中景に、文化や地域コミュニティなどの中間領域がある。

宗教は、それらのバランスを取ることを考えなければならないんです。カルトや原理主義と呼ばれるものは、中景がとても痩《や》せていて、私自身と聖なるものとが直結してしまう。つまり、日常としての中間領域がすごく軽視されて、その結果、中景が痩せてしまっているのではないかと思うんです。

宗教間の対話は、中景がある程度分厚くないと成り立ちません。宗教には、それぞれが信じている遠景を主張するだけだと、決して折り合わないところがあるからです。ですので、宗教間の対話が可能かどうか、中景を大切にしているかどうかという点は、問題のある集団を見極めるための重要なポイントになるのではないかと思います。

小原　カルトという言葉と隣接するものとして原理主義があると思います。原理主義は、自分たちの教義を絶対視して他を見なくなってしまう。つまり、中景をどんどん欠いていくわけですね。この点は、伝統の有無にかかわらず、多くの宗教に見ることができると思います。

迷う自由があるかどうか

川島　先ほど若松さんが、宗教とカルトの違いについて三つの論点をあげられました。そのうち、最後に「拘束」という言葉がありましたね。本来の宗教とは、拘束をしない自由があるのだと。この「拘束」に関しては宗教の側にも難しい側面があると思います。

私は四代目のプロテスタントのキリスト教徒です。ですので、毎週日曜には礼拝《れいはい》に行きます。そうすると、他の教会に行くのには難しい雰囲気があるんです。「この教会に帰属したら、そこで忠実に信仰生活を貫くべきだ」という雰囲気がある。通常の教会でも、そういった拘束はかなりあると思いますし、その傾向が強くなっていくと閉鎖的なカルトになるかもしれない。

若松　そうですね、「教会への帰属」という問題は、現象的には起こるかもしれません。先ほどお伝えしたかったのは、人は信仰を一生守り続けることが難しいということです。

私は人が、「自分はいま、信仰生活から離れてみたい」と思うことがあっても、それでいいんだと思うんです。そのときに、宗教の側から「そういうことはしてはならない。留まりなさい」と引き戻すべきではない。その人が離れていくのだとしても、その人のために祈るのが宗教だと思うからです。

人には信じる自由だけではなく、迷う自由もあると思うんです。人の迷いまで奪ってしまうのは、とても恐ろしいことです。だから、人が立ち止まり、迷い、そして何かを探求することが、宗教を信じることによって失われていくのだとしたら、私は残念な気がします。

川島　たとえば、ある人が「少し休みたい」と言ったときに、宗教の側が「それはサタンのささやきだ」と言うと、カルトですか。

若松　そうだと思います。というのも、宗教の側は、相手にどれだけの恐怖を与えるかを考えることなく発言すべきではないからです。相手の心に刃《やいば》を突きつけるようなことは、絶対にしてはならない。

むしろ、その人の離れたいと思う気持ちに寄り添わなければならないと思うんです。なぜいま、離れたいと思っているかを共に考えることなく、宗教の側が発言したとしたら、その人にとっては恐怖しか残らないのではないでしょうか。

疑いによって深まっていくもの

小原　私も、迷う機会が与えられているかどうかは、カルトと宗教を見極めるための一つの基準になると思います。信じることと迷うこと、信じることと疑うこと、こういったことがバランスよく保たれているかどうかは大事なことでしょう。

迷うチャンスも自由も与えられない、あるいは、疑ったり迷ったりすると、「それはサタンのささやきだ」と言われるというのは、まさに旧統一教会で浮き彫りになったことだと思います。

若松　この問題について、もう一つだけいいですか。

私は既存の宗教が人々を「疑いがないことがいい状態だ」というところに導いてきたように思うんです。でも、本当はそうではなくて、信仰が深まっていくということは、疑いが深まっていくことだと思うんです。

深く疑うことができるのは、とても大事なことです。人には疑うことの中でしか発見できない問いがあるし、疑いの中でこそ人とつながることがあるからです。それなのに宗教の側は、疑いがないことこそがいい状態だ、確信しなければダメなんだと伝えてきたのではないでしょうか。

信仰が深まっていくということは、疑いが深まっていくことだと思うんです。
——若松英輔

もしそうだとすると、人々が疑いなき状態を人間のゴールだと思ってしまったとしても、それは当たり前だと思うんです。だからこそ、宗教の側に「疑いもまた、何かの意味がある」ということをもう一度、語ってほしいと強く感じています。

小原　カルトや原理主義は「これぞ疑いなき道だ」ということを示しますし、それが人間の自由や可能性を非常に制限するわけですよね。

釈　もともとコントロールを目的に近づいてくるわけですから、ある意味で宗教の力を利用していると言いますか。宗教の力は非常に強いので、人の日常があっさりとつぶされてしまうことがあります。カルトはそこを利用してコントロールするんですね。

本来、宗教というのは毒や棘《とげ》を持っているものです。そのなかで、社会とせめぎ合いながら、教義や教学によってさまざまなリミッターやストッパーを設定して成熟していきます。社会とのせめぎ合いは、人間が理解を深め、成熟していくうえで非常に大事なことなんです。

その点でカルトには、そういうものを意図的に設定せずに、聖なる力を利用して日常をつぶす残虐さ、悪質さのようなものを感じます。

注

＊1　一九五四年、韓国で創設された文鮮明（ムン・ソンミョン、一九二〇～二〇一二）を教祖とするキリスト教系の新宗教団体。正式名称は、世界基督教統一神霊協会。五八年に日本へ伝わり、六四年に宗教法人として認可される。二〇一五年、世界平和統一家庭連合に名称変更した。日本の信者数は、公称五六万人（一五年、（公財）国際宗教研究所「教団データベース」）だが、実際には五～六万人という調査も

ある。

*2 北海道札幌市に設立された北星学園大学を中心とする社会病理学の研究団体。

*3 一九八一年一〇月一六日、北海道夕張市の夕張新炭鉱で起きたガス突出事故。九三人が死亡した。同年一二月、炭鉱を経営していた北炭夕張炭鉱は会社更生法の適用を申請し、事実上倒産した。

*4 一九九五年に設立された、カルトに関する諸問題を研究するネットワーク団体。心理学者、聖職者、弁護士、精神科医などの専門家および議論のある団体の元メンバーとその家族などから構成されている。

*5 政治と宗教を切り離すこと。明治から戦前は、国教に位置づけられていた国家神道において現人神（あらひとがみ）である天皇が、最高権力者として統治する政教一致、祭政一致体制がとられていた。戦後になると、ＧＨＱ（連合国軍最高司令官総司令部）が国家神道の廃止と政教分離を命じ、日本国憲法で政教分離が規定された。

*6 一九九五年三月二〇日、新興宗教団体のオウム真理教が起こした毒ガスによる無差別大量殺人事件。麻原彰晃（あさはらしょうこう）こと松本智津夫（まつもとちづお）元死刑囚（一九五五～二〇一八）を教祖とするオウム真理教は、東京の地下鉄三路線五車両の車内に猛毒のサリンを散布。一三人が死亡し、五八〇〇人以上が負傷した。松本元死刑囚や教団幹部が逮捕され、教団は宗教法人の認可を取り消された。

*7 世界には終わりがあり、最後には破滅や再生を迎えるとする宗教思想（終末論）のうち、キリスト教の場合、世界の終末時にイエス・キリストが再臨して、審判を下すとされる。

不可視な地平と不可視な実在

若松英輔

人は、自分が感じているよりもずっと、不可視《ふかし》なものを頼りにしながら毎日を生きている。何かを信じるとき、未来に希望を探すとき、あるいは誰かを愛そうとするときも、私たちは目に見えないものをどこかで感じようとしている。人間は、自覚しているよりもずっと不確かなものと付き合いながら日々を生き抜こうとしているのである。

何かを信じられない、ということは珍しくない。むしろ、深く信じようとするとき、疑いも深まっていく。信じることはいつも不信を伴い、希望を探しながら失望を経験し、愛を求めながら、自分をすら愛し抜くことができないのが人間なのではあるまいか。「大切なものは目に見えない」とサン＝テグジュペリは、星の王子さまに語らせているが、この言葉は単に、愛や希望、そして信じる心を大切にしなければならないという教訓めいたものではないだろう。人は、見えない何かが大切だと分かっていてもそれを見過ごし、見えるものをつかもうとする。サン＝テグジュペリの言葉には、強く願っていることを生き切ることのできない人間の哀切《あいせつ》が表現されてもいる。

キリスト教では「天の国」あるいは「神の国」といい、仏教では「浄土《じょうど》」あるいは「涅槃《ねはん》」と呼ぶように、宗教は、不可視な彼方の世界を究極の場所として語る。ある人たちにとってそれは、亡き者たちの世界であり、生まれてくる以前の魂の故郷でもある。合理的精神、理性のはたらきを強く訴えたモンテーニュのような人も、死の彼方にある地平をめぐって、ある手ごたえのある言葉を紡《つむ》いでいる。

死後はどこへ行くかとたずねるのか。
まだ生まれない者たちのいるところへ行くのだ。
（「われわれの感情はわれわれを越えてゆくこと」『エセー』（1）原二郎訳）

これはモンテーニュの言葉ではなく、先人の言葉の引用なのだが、モンテーニュにとって引用は、自分の言葉よりも自分に近いものであることが少なくない。先の一節もそうした思いとして受け取ってよいのだろう。

人は、いつか死ぬ、というよりも必ず死ぬ。この厳粛《げんしゅく》な事実から人は、毎日を忙しく生きることで逃避しようとしているのかもしれない。彼方の世界のことなど考えなくても毎日の生活に困ることはない。むしろ、不可視な境域のことに考えを巡らせることの方が生活への集中力を削《そ》ぐことになる、という人がいても驚かない。しかし、ここでも現実は思ったようにはならない。生活だけの毎日に「人生」というもう一つの地平が開けてくるのである。「生活」と「人生」は同じではない。そう語り続けたのが遠藤周作《えんどうしゅうさく》だった。晩年の作品『深い河』には次のような一節がある。

> だが、一人ぼっちになった今、磯辺は生活と人生とが根本的に違うことがやっとわかってきた。そして自分には生活のために交わった他人は多かったが、人生のなかで本当にふれあった人間はたった二人、母親と妻しかいなかったことを認めざるをえなかった。

「お前」

と彼はふたたび河に呼びかけた。

「どこに行った」

河は彼の叫びを受けとめたまま黙々と流れていく。だがその銀色の沈黙には、ある力があった。河は今日まであまたの人間の死を包みながら、それを次の世に運んだように、川原の岩に腰かけた男の人生の声も運んでいった。

「生活」上の経験は、社会、世の中と呼ばれるものに私たちをなじませていく。しかし、「人生」は、自分自身と存在の深みへと私たちを誘《いざな》う。「生活」の世界における目印の多くは目に見え、手にふれることができる。しかし、「人生」の次元では、可視、可触的なものはあまり当てにならない。

享楽《きょうらく》は金銭を積むことで経験できるかもしれないが、真に「生きがい」と呼ぶべきものは、どんなにお金を積んでも購《あがな》うことができない。それはどこにも売っていないだけでなく、誰からも与えてもらうことのできないものでもある。神谷美恵子《かみやみえこ》の『生きがいについて』には、「生きがい」の固有性をめぐる次のような一節がある。

> 生きがいというものは、まったく個性的なものである。借りものやひとまねでは生きがいたりえない。それぞれのひとの内奥《ないおう》にあるほんとうの自分にぴったりしたもの、その自分そのままの表現であるものでなくてはならない。

「生きがい」は、外界ではなく「ひとの内奥にある」と神谷はいう。人は「生きがい」を作ろうとする。しかし神谷は、それを「人生」に発見することを促す。「人生」という地平を歩くとき、想ってもみなかった、ある確かなものを見出すことがある。精神科医だった神谷は、そうした人々との出会いを繰り返しながら、現代の古典と呼んでよいあの本を紡いでいったのだった。

「生きがい」は知的に理解されるよりも、感情によって受け止められる。そして、それはしばしば、自分自身をも驚かすことがある、とも神谷はいう。

> なんといっても生きがいについていちばん正直なものは感情であろう。もし心のなかにすべてを圧倒するような、強い、いきいきとしたよろこびが「腹の

> 底から」、すなわち存在の根底から湧きあがったとしたら、これこそ生きがい感の最もそぼくな形のものと考えてよかろう。このよろこびは時には思いがけない場合にほとばしり出て、本人をおどろかせることがある。（中略）理くつは大ていあとからつくようで、先に理くつが立っても感情は必ずしもそれについて行かない。

ここでの「感情」は、喜怒哀楽のそれというよりも「宗教的感情」と呼ぶべきものだろう。それは自分との出会いでもあり、大いなるものとのつながりを実感する経験でもある。

若き日、神谷美恵子は、内村鑑三《うちむらかんぞう》の血脈を継ぐ無教会の信仰者だった。その求道の姿は熾烈《しれつ》という言葉によって表現するのがふさわしい場合もあった。『生きがいについて』は二〇世紀日本を代表する思想書の一つだが、それは同時に、姿を変えた信仰告白の書でもあった。この本には、愛する人を喪《うしな》った、ある女性の手記の言葉が引かれている。

> ガラガラガラ。突然おそろしい音を立てて大地は足もとからくずれ落ち、重い空がその中にめりこんだ。私は思わず両手で顔を覆い、道のまん中にへたへたとしゃがみこんだ。底知れぬ闇の中に無限に転落して行く。彼は逝《い》き、それとともに私も今まで生きて来たこの生命を失った。もう決して、決して、人生は私にとって再びもとのとおりにはかえらないであろう。ああ、これから私はどういう風に、何のために生きて行ったらよいのであろうか。

「おそろしい音を立てて大地は足もとからくずれ落ち、重い空がその中にめりこんだ」、ある人は、ここにある種の比喩《ひゆ》を感じるかもしれない。しかし、この言葉を書いた女性にそうした意図はなかっただろう。先のように書いた理由をたずねても、自己の経験をそのまま言葉にするほかなかったと答えるのではないかと思う。愛する人を喪うとは、別離と悲痛の出来事であるだけでなく、不可避的な「いのち」の変容の経験となる、というのである。

先の女性の言葉を受けて、神谷は自らのおもいをこう書きつづっている。

> しかしやき場で骨を拾うとき、骨壺をかかえて帰るとき、墓の前にたたずむとき、愛する者の存在がただそこにあるものだけになってしまったとはどうしても思えない。のこされた者の心は故人の姿を求めて、理性とは無関係にあてどもなく、宇宙のはてばてまで探しまわる。（中略）そのぎりぎりのところまで行って空《むな》しく戻ってくるくやしさ。そのかなしみはひとの心をさまざまな迷路に追いやって来た。

ここでは、目に見えるものを「存在」といい、目には見えないが「在る」ものを「実在」と呼ぶことにする。神谷は、肉体はなくなってもその人の実在が無になったとはどうしても思えない、そう感じるほかないことが人間にはある、というのである。その実感は容易に否定することができず、その後の遺された人の人生は、「かなしみ」のなかにこの不可視な実在を探すことに注がれることになる、というのである。

神谷氏自身は特段の言葉を残していないが、「大地は足もとからくずれ落ち、重い空がその中にめりこんだ」と書いたのも、おそらく彼女自身である。二〇歳になるころ、彼女は愛する人を病で喪っている。

遠藤周作の師は、吉満義彦《よしみつよしひこ》という哲学者だった。一九四五年に四一歳で亡くなっている。堀辰雄《ほりたつお》や渡辺一夫《わたなべかずお》、小林秀雄《こばやしひでお》とも親交を深め、リルケやドストエフスキーをも論じた詩人哲学者と呼ぶべき人物だった。彼と遠藤が出会ったのは、遠藤が大学生のときに寄宿していた学生寮においてだった。吉満は、哲学研究の傍《かたわ》らで若者たちの試練に寄り添おうとしていたのである。

哲学者が学生寮の責任者を兼ねるのは珍しいことかもしれないが、このことにも経緯がある。一九三三年、吉満は妻輝子《てるこ》を喪う。そのとき、吉満の師である岩下《いわした》壮《そう》一《いち》神父が、彼にこの仕事をすすめたのだった。岩下は吉満を独りにすることにある危険を感じていたのかもしれない。

遠藤はあるエッセイで、学生寮にある吉満の部屋に入った日のことをこう記している。

> 先生の机には若い、うつくしい女性の写真がおかれてあった。それは先生の若い頃、亡くなられた婚約者の写真だと寮生の一人が教えてくれた。この婚約

者の女性は結核で早く亡くなられたが、臨終の時、先生は司祭をよんで二人だけの結婚式をあげられ、以来、先生は独身を守られたのである。いや独身という言葉は間違っている。ある日、先生が一度、

「私は結婚をして妻が死んだのです」

きっぱり言われたのも憶《おぼ》えているからだ。

（「吉満先生のこと」『心の夜想曲《ノクターン》』）

ここで描かれている遠藤の心象風景は真実である。ただ、吉満が妻と結婚したのは、亡くなる三か月ほど前で、臨終のときではなかった。

哲学者としての吉満義彦の仕事は、妻の死を境に明らかな深化を遂げる。若き日の吉満は優れた知性と理性の人だった。しかし、愛する者の死を経験した彼は、そこに感性と霊性の深まりを経験した。

「実在するもの」と題するエッセイで吉満は、「私は自ら親しき者を失って、この者が永久に消去されたとはいかにしても考え得られなかった。否《い》な、その者ひとたび見えざる世界にうつされて以来、私には見えざる世界の実在がいよいよ具体的に確証されたごとく感ずる」と述べたあと、次のような言葉でその作品を終えている。

最も抽象的観念的に思われたであろうものが最も具体的に最も実在的に思われてきた。見えざる実在の秩序を信ずることとその存在を具体的に感ずることとは自ら別である。私は親しき者を失いし多くの人々とともに、失われしものによって最も多くを与えられる所以《ゆえん》を今感謝の念をもって告白し、このまとまらぬ感想をとどめたいと思う。

（『文学者と哲学者と聖者　吉満義彦コレクション』）

愛する者の死という耐え難い経験は、彼を「見えざる実在の秩序を信ずる」という場所から、それを「具体的に感ずる」という場所へと導いたというのである。ここで吉満がいう「感じる」は、「生きる」という言葉に置き換えてよい。痛み多き試練は、「信じる」世界の奥に人を導くことがある、というのである。

第2章

社会体制と宗教

「反体制」と「反社会」を区別する

小原　ここからは、少し角度を変えて議論を進めていきたいと思います。

次にテーマにしたいのは、社会体制と宗教との関係についてです。まず、若松さんから問題提起をしていただきたいと思います。

若松　近年で宗教を考えるとき、「反体制」という言葉がさまざまな角度で用いられることがあります。宗教が反体制的であるとはどういうことでしょうか。

私はキリスト者なのでキリスト教を例に出しますが、イエスは非常に反体制的だったと言っても過言ではありません。でも、そこで気をつけるべきは、「反体制」と「反社会」は違うということです。

旧統一教会は、反社会的でありながら体制側に入り込んだところに、大きな問題があります。なので、宗教の真偽を問うときに、その宗教が反体制的であるかどうかを慎重に判断しなければならない。

たとえば、宗教と政治が結びついて反体制的な運動を起こした、近年で最も大きな出来事はインドの独立運動[*1]でしょう。マハトマ・ガンディーが、人々を率いて起こした反体制的な動きだった。インドの独立運動は、非暴力によってインドの独立を実現するという非常に開かれたものでした。

だから私たちは、反体制が必ずしも反社会的であるわけではないということを論議の前提にしなければなりません。もし、体制的であることを是認してしまうと、とても恐ろしいことになってしまうからです。

たとえば、一九三三年以降のナチスドイツの蛮行《ばんこう》、あれが体制だったわけです。そのようなときに反体制的であることは、とても重要なことでした。反体制として立ち上がり、ヒトラー暗殺計画に加担したボンヘッファー[*2]のような反ナチス主義者もいたんです。ですので、私たちは反体制がそのまま悪だと考えるのではなく、そこにもっと繊細な視座を持たなくてはならない。

反体制という言葉を考える際に大切なのは、「その人たちが何を守っているのか」ということだと思います。人間の尊さ、人間のつながり、人間が存在する意味をどうしても守りたいということであれば、宗教が反体制的になって立ち上がることはあっていい。

けれども、そのとき宗教が、自分たちの考えや利益を守ることを優先してしまうと問題が出てくる。同じ反体制であっても、この両者は、まったく別なものだと思います。

社会とは別の価値体系

小原　その点で言うとキリスト教は、おそらく反体制的な状況の中から生まれてきましたし、イエスはそれゆえに十字架にかけられたところがありますね。まさに社会とのせめぎ合いだと言えると思います。

この点、釈さんはどうお考えですか。

釈　反体制と反社会の区別というのは、必要だと思います。

あと、少し話が変わりますが、宗教にはそもそも社会とは別の価値体系があって、だからこそ人は救われるという面があります。この点を押さえておく必要があるでしょう。

宗教には「いま泣いているものこそが幸せである」「いま苦しんでいるものこそ幸せである」「悪人こそが救われる」「死ぬ時節には、死ぬがよろしく候《そうろう》」というように、世間的な価値とは別の価値体系が存在する。そのような価値観を提示できるからこそ、宗教の存在意義があるわけです。それは、言ってみれば、脱社会というか、非社会というか、そういった方向性のことです。それと反社会というものを区別すべきだと思います。

社会とは別の価値観を持っているからこそ、宗教にはさまざまな棘も毒もある。その点、伝統教団というのは棘が取れてしまい、社会と共に存在している状態であるとも言えますが……。

小原　伝統教団から棘が取れているというのは、おもしろい表現だと思います。棘が取れ過ぎたから伝統教団に物足りなさを感じて、若い人はもっと刺激のあるカルトに向かってしまう。そうも言えるでしょうか。

釈　宗教が本来持っている魅力が減ってきて、先ほどの図式で言えば、遠景が霞《かす》んでしまって、中景ばかりが分厚くなっているところはあるかと思います。

島薗　オウム真理教もそうだと思いますが、旧統一教会も鮮烈なイメージを持って出てきました。ですので、初期には高学歴層が惹《ひ》かれたんです。オウム真理教も旧統一教会も初期は高学歴層をターゲットにしていました。ある種の現状打破の姿勢と強く結びついていたと思います。

日常の中景的なものに馴染《なじ》んでいない人が、既成宗教にはない、しっかり尖《とが》っている部分に魅力を感じた。そのことは忘れてはならないと思います。

なぜ政治に食い込めたのか

小原　旧統一教会は、単に社会一般というより、既存の政治体制の中に深く食い込んでいきました。いま、そのことが問題になっています。

深く食い込むことができたのは、おそらく政治と価値観を共有する部分があったからだと思うのですが、政治体制への食い込み方という点で櫻井さん、いかがでしょう。

櫻井　旧統一教会は、一九五〇年代に韓国で生まれています。朴正熙《パクチョンヒ》政権[*3]のもとで反共運動をおこなう尖兵《せんぺい》、フロント団体として庇護を受けながら成長してきました。

当時の旧統一教会は、韓国のキリスト教系新宗教としては、鳴かず飛ばずでした。ところが、政権の庇護を受けて一定程度勢力を拡張して日本にやってきた。そこで岸信介[*4]や笹川良一《ささかわりょういち》[*5]といった人物との関係も利用しつつ、自民党政権や清和会《せいわかい》[*6]などの中に深く沈《ちん》潜《せん》してきたんです。ですから、国際勝共連合[*7]などが担っていたのは体制的な運動なんです。

しかし、反体制的な側面がなかったのかというと、そうとも言えません。一九六〇年代には、大学のキャンパスに新左翼[*8]やマルクス主義的な考え方があり、この二つが体制だったわけです。

それに対して旧統一教会は、キリスト教を統一する「神《かみ》主権」という新しい思想を主張し始めます。ですので、一部の学生たちにとっては政治運動であり思想運動だったんです。だから、旧統一教会は体制に沈潜する側面を保ちつつ、反体制的な面も示しながら現在に至っている、簡単に捉えることのできない宗教団体だと私は思っています。

釈　たとえば、保守政治家の人たちは、旧統一教会の、いわゆる「反日」的な教義をどのように考えているんですか。

櫻井　その点は見ていないと思います。国際勝共連合以外にも旧統一教会には、世界平和女性連合や天宙平和連合などいろいろな関連団体がありますが、自民党の保守的な考え方、つまり家族が大事であるとか、青少年の健全育成であるとか、そこだけを見て考え方が重なっていると思うわけです。

しかし、青少年の健全育成といっても、旧統一教会では結婚するまでは婚前交渉を含めて恋愛も禁止するなど、非常に極端な主張をしている。政治家は、その点を見ていないんです。私はこれは非常におかしいのではないかと思っています。

小原　政治体制への食い込みが実現できたのは、国際勝共連合を中心として「反共」という点で一致したからですよね。ところが、冷戦の終焉、ソ連の解体を経て、日本社会

旧統一教会と政治との関係は、この20年の日本の政治の動きと関連させて見なければならないと私は思っています。　**――櫻井義秀**

の中では反共の勢いは収まっていきました。

　つまり、冷戦時代以降の日本社会の中で、特に保守派の議員が、なおも旧統一教会との関係を魅力的だと考えた理由はどこにありますか。

櫻井　国際勝共連合の政治家への働きかけというのは、一九七〇年代から八〇年代を通して一貫しています。そのなかで、なぜ政治家にとって旧統一教会が魅力的だったのか。一つには選挙での協力があります。無償のボランティアを派遣する、ビラ配りをする、電話がけをしてくれる、そういった人を確保できるんです。

　あるいは、組織票の問題もあります。二〇〇〇年代に入ると、日本の政治がどんどん安定した社会を求めていき、それぞれの政党が組織票を重視するようになります。その流れのなかで、旧統一教会には五〜六万人もの信者がいますから、これは地方議会においては大きな意味を持ちます。そのような形で、地方の議会、自治体、あるいは国政に食い込める余地が出てきたのではないかと思います。ですので、旧統一教会と政治との関係は、この二〇年の日本の政治の動きと関連させて見なければならないと私は思っています。

注

*1 イギリスの植民地だったインドでは、一九世紀半ばから独立の機運が高まり、マハトマ・ガンディー（一八六九〜一九四八）らを中心に、暴力以外の手段による独立運動を展開していた。第二次世界大戦を機に独立運動はいよいよ盛んになり、イギリスは独立を承認。一九四七年、ヒンドゥー教徒が主体のインドとイスラム教徒が主体のパキスタンに分かれて独立した。

*2 一九〇六～四五。ドイツの牧師・神学者。第二次世界大戦中にナチスに抵抗して逮捕され、終戦直前に処刑された。著書に『抵抗と信徒』など。

*3 韓国で一九六三～七九年に第五～九代大統領を務めた朴正熙（一九一七～七九）による独裁政権。六五年に日韓基本条約を締結、六〇年代後半には「漢江の奇跡」と呼ばれる高度経済成長を実現させた。反共産主義政権であり、反共産主義運動をしていた旧統一教会は、大統領直属の諜報機関である韓国中央情報部（ＫＣＩＡ）の庇護を受けた。

*4 一八九六～一九八七。政治家、第五六・五七代内閣総理大臣（在任一九五七～六〇）。首相在任時は日米関係の強化に取り組み、六〇年に日米安全保障条約改定を強行したが、条約改定への反対運動が戦後最大の反政府運動に発展したため、辞職した。反共産主義という共通点から、旧統一教会と密接な関係を築いた。

*5 一八九九～一九九五。右翼運動家、実業家。全国に競艇を普及させて日本船舶振興会（現日本財団）会長などを歴任、豊富な資金力で政財界に強い影響力を保持した。岸信介と共に旧統一教会の後ろ盾となり、旧統一教会の政治団体である国際勝共連合の名誉会長を務めた（のちに辞任）。

*6 自由民主党（自民党）の派閥の一つ。岸信介の系譜を受け継ぎ、一九六二年に福田赳夫（ふくだたけお）元首相（一九〇五～九五）が党風刷新連盟として旗揚げ。七九年に清和会に改称、九八年に清和政策研究会へと改称した。反共産主義、憲法改正、自主防衛など、国際勝共連合の主張と類似する政策が多く、旧統一教会と関係を深めた。現在の通称は「安倍派」で、自民党最大派閥である。

*7　一九六八年、文鮮明によって韓国と日本で設立された旧統一教会系の反共産主義政治団体。日本では、岸信介や笹川良一が発起人となった。共産主義の一掃を掲げて反共産主義運動（反共運動）を展開、同じく反共産主義を掲げる保守政界と協力関係を築いていった。

*8　一九六〇年代に世界中で台頭した、既成左翼を批判して新たな社会変革を志向した政治運動や政治思想のこと。六〇年代の日本では、労働者が革命を起こして資本主義を打倒し、格差のない社会を目指すマルクス主義を標榜する日本共産党や、社会主義を掲げる日本社会党などの既成左翼に不満が募っていた。より急進的な暴力革命を求める学生たちは新左翼党派を続々と結成し、新左翼系団体と日本共産党系団体が対立しながら学生運動を主導した。しかし、過激な暴力行為を繰り返した新左翼は次第に世論の支持を失い、七〇年代以降衰退した。

保守政治という虚像
～政治と宗教への信頼を回復するために

櫻井義秀

忘れられてきた旧統一教会問題

安倍元首相殺害事件の後、この四か月の間に何が起こったのかを整理すると二つの論点が浮上する。

一つは、旧統一教会と自民党との関係が明らかになり、旧統一教会が日本の保守政治の深部にまで食い込んでいたこと。もう一つは、旧統一教会による被害の実態が明らかになり、霊感商法と献金被害、二世信者の問題、高齢者被害などがあらわになったことである。

これらの問題は、一九八七年に設立され、現在まで活動を継続している全国霊感商法対策弁護士連絡会や、一九九五年に設立された日本脱カルト協会などの活動を通して社会に訴えられてきた。私も一九八七年に霊感商法に関する論文を書いて以来、三五年間国内外の学会において旧統一教会の問題を指摘し、二〇一〇年には中《なか》西《にし》尋《ひろ》子《こ》氏と『統一教会　日本宣教の戦略と韓日祝福』（北海道大学出版会）を刊行した。

しかしながら、一九九五年に起きたオウム真理教事件に比べてマスメディアの反応は鈍く、旧統一教会問題は長らく知る人ぞ知る、しかし、知らない人は全く知らない社会問題だった。おそらく容疑者による安倍元首相の殺害事件がなければ、この問題は等閑視されたままだった。

旧統一教会と自民党

八月に入って連日、政治家と関連団体（天宙平和連合や世界平和女性連合）との関係が報道され、日本国民は旧統一教会が日本の政治にここまで食い込んでいたのかと衝撃を受けた。朝日新聞が全国の国会議員、都道府県の議員、知事を対象に実施したアンケート調査では、国会議員一五〇名、地方議員二九〇名が接点ありとの回答だった（二〇二二年九月四日付）。第二次岸田改造内閣の副大臣・政務官では五四人中二三人（複数回答で選挙での支援五人、政治資金のやりとり四人、会合出席一五人、祝電等九人）の関係が明らかになった（同、八月一七日付）。

ここまでの関係が構築された背景として、自民党という政党の体質と選挙の仕組み、およびポピュリズムの台頭を考えなくてはならないだろう。自民党議員は封建時代よろしく自前で票田を開墾し、いざ選挙という時のために養生に務めなければならない。地盤・看板・鞄は一代で築くのが難しいため、世襲で継承され、水やり仕事に心を砕かなくともよい代になってはじめて政策論議に専心できる。

二〇〇〇年代に小泉純一郎《こいずみじゅんいちろう》、安倍晋三という選挙にめっぽう強い三代目にして強烈な個性の元首相が現れ、二〇〇九年から一二年までの民主党政権を挟んだ期間を除き、自民党は大勝してきた。そこで代々の政治家でもなく、官僚上がりで担ぎ出されたわけでもないたたき上げの多数のチルドレンが誕生し、二回目以降の選挙で票田作りの厳しさを知るわけである。

公職選挙法は、いわゆるウグイス嬢や事務員を除いて運動員の雇用を禁止しているので、電話がけ、ビラ貼り、立会演説の動員などで運動員の派遣を得られれば、ありがたいことこの上ない。新人議員や選挙に弱い議員ほどこうした申し出を断れないし、いったん懐《ふところ》（地元選挙組織）に入られたらなかなか手を切れない。政治家はお返しに祝辞を送り、団体のイベントで挨拶するなどして信者たちを激励してきたのである。

自民党政治家だけがうまみを味わったわけではなく、旧統一教会側にも自民党との関係を手放せない状況があった。

一九六四年に宗教法人として日本で認証された韓国系キリスト教の旧統一教会は、一九六八年に設立された国際勝共連合と共に宗教・政治活動を両輪で行い、岸信介元首相から安倍元首相へ三代続く関係を維持してきた。経済政策で業界団体から支援を得る他派閥と比べて、清和会は反共・保守といった外交を軸に結束してきたこともあり、名望家になりえていない票田作りを始めたばかりの政治家にとって選挙戦は厳しいものがあった。

こうした政治家との関係を長年維持することは、一九九〇年代に霊感商法に対する損害賠償請求訴訟において違法判決を受け、二〇一〇年前後には旧統一教会の販売会社が特定商取引法違反によって社長・社員の信者、および地域教会までが警察に強制捜査され、有罪判決を受けた時代において、警察・検察、および大手新聞社などのマスメディアからの追及をかわすことに役立った可能性はある。

しかも、一九八九年に東西冷戦体制が崩壊して自民党における反共の意義が失われ、一九九一年に旧統一教会創始者の文鮮明が北朝鮮を電撃訪問し、三十数年に及ぶ反共活動を忘れたかのように経済投資を約束して金日成《キムイルソン》と握手をした。

　この時から国際勝共連合を自民党から反共運動のフロント団体として使ってもらっていた日本の旧統一教会にとって、存在意義の模索が始まった。そして、自民党もまた反共ではない保守の旗印を模索していた時期だったので、双方が国防戦略としてのスパイ防止法制定（廃案になったが、二〇一三年に特定秘密保護法として成立）やジェンダーフリー反対運動での利害の一致を確認し、先に述べた選挙協力における「政策協定」の覚え書きを交わすほどになったわけである。旧統一教会は戸別訪問やポスティングなど政権与党の自民党政治家が直接やれないことをやって、保守派の政治家の主張を草の根レベルで拡大することに役立つ団体であることを再び証明できたのである。

　結果的に、自民党の選挙に弱い政治家たちは旧統一教会に助けを求め、旧統一教会もまた自民党の政治家にしがみついて、お互いに持ちつ持たれつの癒着を今日まで持続してきた。その結果が、最初に述べた自民党議員と旧統一教会関連団体との接点・関係の濃さである。

地方選出の国会議員や地域の選挙支援団体に食い込んだ成果は、地方自治体のイベント開催に旧統一教会の関連団体が相乗りし、政治家や企業家など地元名士と交流したり、市民向け講座を開催したりして旧統一教会の政治的主張を拡大したことだった。安倍元首相が殺害される事件のきっかけとなった韓鶴子《ハンハクチャ》総裁を絶賛したイベントを主催していたのが天宙平和連合である。この団体主催で全国六二ルートにおいて平和を訴え自転車を乗り継ぐ「ピースロード」では、全国の自治体で知事や地方議員が応援した。

さらに、旧統一教会の現在の教団名である「世界平和統一家庭連合」の理念である「真の家庭」が、日本の政治や行政に入り込んでいる痕跡《こんせき》がある。議員や自治体の首長の提案による家庭教育支援条例は都道府県で一〇団体、市町村で六団体が制定しており、いくつかの自治体では旧統一教会関連団体の働きかけを受けた可能性がある。

文部科学省では家庭教育支援室が設置され、全国の自治体に家庭教育支援チームを結成する試みを始めている。子育て世代の孤立を防ぎ、地域の福祉資源を充実させることは理にかなっているものの、それで少子化や家族の問題が解決されるのだろうか。地域経済の疲弊による労働者家庭の困窮や貧困の連鎖にとらわれている子どもたちを救うことが先決ではないか。

旧統一教会による被害とコリア・ナショナリズム

一九八七年から二〇二一年までの被害金額が、全国霊感商法対策弁護士連絡会の集計（全国の消費者センターと弁護士会による集約）によれば、三万四五三七件、一二三七億三三五七万五四〇六円と甚大である。しかし、旧統一教会は宗教法人としては販売に関与せず、信徒が自主的に設立した販売会社によってなされたものであるので無関係と強弁した。多くの民事裁判において旧統一教会に使用者責任が認められ、霊感商法や献金の強要が不法行為であると判決が下されている。

旧統一教会がなぜこれほどの違法行為をなすのか。どのようなやり方で一般市民や信者の不安をあおり、霊感グッズや旧統一教会にお金を差し出すしか救われる道はないと思わせたのか。これについては冒頭で述べた筆者の書籍が、被害者の証言、裁判資料、および勧誘者や霊能師役をやった元信者の証言などから詳細に分析している。

ここではなぜ違法行為をなすのかについてのみ説明しよう。旧統一教会の教義によれば、人間の堕落はサタンと不倫をしたエバがアダムを誘惑し、悪の血統を人類の子孫に残したことに由来する。人間が救われるためには旧統一教会の信者となって、再臨のメシヤであり「真の父母」を称する文鮮明夫妻が主礼《しゅらい》（媒酌人）を務める合同結婚式に参加し、無原罪の子を授かって「真の家庭」を築き、二〇〇一年に設立されたとする地上天国「天一国《てんいちこく》」に入籍するしかない。

真の父母が生まれた国がアダム国、すなわち韓国であり、韓国を四〇年にわたって植民地支配した日本がエバ国とされる。だからこそ、日本は蕩減《とうげん》（負債）を負い、朝鮮民族（従軍慰安婦や徴用工など）の恨みを晴らすために、旧統一教会に献身しなければならないのだという。

こうした旧統一教会の恨みの弁、反日主義的なコリア・ナショナリズムを自民党議員は知ってか知らずか、旧統一教会と関係を結んできた。選挙で勝つことを国益や国民の権利より優先したのである。日本会議など保守的な政治運動の有力な支援者であった安倍元首相が、旧統一教会関連団体と関係を維持してきたために、自民党議員たちは旧統一教会を利することが日本の保守の行為として妥当なものかどうかを考えてこなかった。

　自民党の保守政治の底の浅さを露呈させた今回の事件は、日本国民を驚かせると共に海外の政治家やメディアをも驚愕させた。日本国民が保守政治の虚像に気がつくことができれば、安倍元首相を襲った悲劇、テロリズムの最大の教訓となるのではないか。霊感霊視商法にご注意であると共に、「日本を守る」といった言説にも注意が必要だということである。

　最後に、旧統一教会という宗教のあり方を日本の宗教界が効果的に批判してこなかったことも、旧統一教会による被害を増大させた理由の一つになろう。その代償は、宗教に対する信頼の喪失であり、政治的信頼の喪失同様、日本社会の大きな課題となるのだが、そのことにどれだけの宗教家や宗教団体が気づいているのか、いささか心許《こころもと》ない。信頼回復のために何ができるのか、政治家と宗教家、それぞれに歩き出さなければならない。

第3章 現代宗教の〝歪み〟とは

現代宗教の二つの問題点

小原　ここからは、社会の問題だけではなく、現代宗教の問題について考えていきます。まず、島薗さんから、「現代宗教の歪《ゆが》みと日本」という観点から問題提起をしていただけますか。

島薗　私たちはこの二か月間「旧統一教会でこんなにも酷《ひど》いことがおこなわれていたのか」というニュースをたくさん見てきました。冒頭で、宗教が絶対に越えてはならない壁として、「恐怖」「搾取」「拘束」があるという話がありましたね。わたしはそこに「嘘《うそ》」の問題を加えたいと思います。

　たとえば、壺を売るとき、途方もない値段をつけたら効果があった。これは果たして宗教と言えるのでしょうか。これは意図された嘘ですよね。そのような宗教はかつて存在したでしょうか。私はこの「嘘」という問題は、現代社会の病理を映し出している気がしています。相手が気づかないなら自分の利益を通してしまっていい。そのような発想が宗教の中にも入ってきてしまった。

　もう一つ議論の俎上《そじょう》にあげたいのは、保守的なモラルの問題です。伝統的な家族愛や近隣との隣人愛などが尊ばれていた社会がだんだんと崩れてきた。それに対して、何とかモラルを回復したいと思う政治家がいた。

たとえば、アメリカのトランプ前大統領は、旧統一教会に温かいメッセージを送っています。トランプを支持しているグループにはエバンジェリカルズ[*1]をはじめキリスト教の右派、これは宗教右翼と言ったりしますが、そのようなグループがかなりの数で関わっている。

彼らはいまの社会体制そのものに反対しています。民主主義的な社会体制にあまり好意を抱いてない。そのような人たちを、専制的な手法を持つ政治家が近寄せる。こういったことが世界的に起きているのではないかという気がします。

カルトというと、日本がすごく特殊だと思われがちですが、同じようなことが世界中で起きているのではないか。そのような視野から旧統一教会問題、政治と宗教の好ましくない関係を見ることもできるかもしれないと思います。

小原　アメリカと旧統一教会とのつながりについては、日本でもときどき報道されていて、共和党との関係が非常に強いと言われています。そこには当然、価値観の共通点があります。
一つは、アメリカの中でどんどん失われている伝統的なモラル、特に家族観です。そういったことを一緒に立て直してくれるような、頼もしい仲間として旧統一教会が特に共和党の議員に受け入れられてきた経緯があるかと思います。

宗教教育が排除された結果

小原　価値観が大きく変わりつつある時代の中で、伝統的な価値観を守り抜きたいという保守派の動きは、どの国でも起こり得るでしょう。私は、その動機自体は決して間違っていないと思います。しかし、そのやり方を間違ったからこそ、問題が起きているのではないでしょうか。

この点を、釈さんはどうお考えですか。グローバルな視点で見たときも、宗教が何らかの危うさを抱えているという点で、お考えはありますか。

釈　まず日本の場合で言うと、一つは、戦後における宗教への認識の歪みがあると思います。ＧＨＱの主導で、とにかく国家神道対策[*2]が強力に進められた結果、政治や教育の場から徹底して宗教的なものが排除されました。

本来、政教分離とは「セパレーション・オブ・チャーチ・アンド・ステイト（Separation of Church and State)」ですので、政治と「教会」の問題だったわけです。それが日本では宗教全般を厳密に避けることになってしまった。これは当時、この問題を担当していたウィリアム・P・ウッダード[*3]という人物も、「いくら何でもむちゃじゃないか」と考えたことが記録として残っています。

　そのように、かなり無理やり宗教的なものを徹底して排除した結果、反動として宗教右派の人たちが声をあげたという流れがあると思います。

　いずれにしても、とにかく宗教というのは、本当に取り扱い注意な案件で、畏敬《いけい》の念を持ってお付き合いしなければならないものです。宗教は人間から生まれたものであるにもかかわらず、人間の手を離れて動き出すとコントロール不能になってしまうからです。

　宗教の暴力装置や差別装置が稼働し始めると、止まらないんです。宗教には人間の力ではどうにもならない危なさがある。だからこそ、飽くなき教義・教学の議論を重ねて、宗教が内包している暴力性や差別性を稼働させないようなリミッターを設定し続けなければならないわけです。

　だから私は、信仰の持つ加害者性について考える必要があると思っています。信仰とはそもそも加害者性を持っているという地点に立たねばならない。

信仰は常に人を傷つける可能性を持っているんです。信仰を持っていると、他のストーリーを生きている人に対して無頓着《むとんじゃく》になったり、無自覚になったりしがちだからです。

小原　ご指摘のとおり、戦後日本の社会形成は戦前への反省から出発しています。戦前に国家と宗教が過度に関係した結果、宗教国家として戦争に突入していってしまった。ですから、戦後教育の中からは、宗教教育が徹底して排除されたわけです。

その点から言うと、戦後世代の人たちには、「宗教リテラシー」というものが欠けてしまっている。宗教の基本を教えられてこなかったんです。だからカルトに甘い誘惑の声をかけられると、簡単に引きずり込まれてしまうのではないでしょうか。

救いはお金では買えない

小原　いま私たちは、日本国内の問題と同時に、グローバルな課題として宗教について考えようとしています。そこで若松さんにお尋ねしたいことがあります。

カトリックはグローバル宗教の典型です。先ほど釈さんから「暴力装置」という言葉も出ましたが、カトリック教会は異端審問や十字軍など暴力装置として機能してしまった時代がありました。しかし、そのことを反省して、いまのカトリックがあることを考えると、学ぶべきこともある気がします。

若松　ウクライナの戦争が起きてから、現在の教皇フランシスコは発言をとても強くしています。そのなかで特に注目すべきなのは、教皇が「宗教が政治に利用されてはならない」と言っていることです。

これはとても重要なことを言っていると思います。というのも、宗教は政治に利用されることを、どこかで待っていたのではないかと思うからです。近代日本の歴史においても、政治と波長を同じくすることが、自分たちにとっての利益になると考えられてこなかったか。これからの宗教が本当の意味で宗教であるためには、いかに政治に利用されないかを真剣に考えていく必要があるのではないでしょうか。

もう一つ、現代の宗教で問題なのは、宗教が利己的であることを是認することだと思います。利己的であることを是認してしまうと、「自分だけが救われればいい」と考えてしまいます。だから、宗教の側が利己についてもう一度深く捉え直して、利己的であることとどのように闘っていくことができるかを考えなければならないのだと思います。

あともう一つは、救いは決してお金で買えないということを、宗教の側は強く語るべきだということです。救いは絶対にお金では買えない。なぜなら神にとって、お金は必要ないからです。

もし既存の宗教団体や宗教者が、「一円でも多く払った人が救いに近づく」といった雰囲気を持っているのだとしたら、改める必要があると思います。そのような考えを持つ社会が不幸な出来事を生んでいるということを、既存の宗教側が考えなければならない。神はお金はいらないということを、責任ある宗教者たちが、いまこそ強く語るべきだと思っています。

小原　特にキリスト教の場合は、新約聖書に「あなたがたは、神と富とに仕えることはできない」（「マタイによる福音書」六章二四）という言葉があるように、救いと富とを峻《しゅん》別《べつ》することの大事さが語られます。しかし残念ながら、のちのキリスト教の歴史では、近代以降、資本主義が台頭するなかで教会が富を蓄積し、豪奢《ごうしゃ》な建造物を建てるなどなかなかそうもいかなかった。ですので非常に難しい課題であるとは思うんです。

若松　そうすると結局、宗教というものが「救いを売買する」という形になるわけです。でも、救いは売りものではありません。「救いとは売ったり買ったりできないものなんだ」ということは、とても基本的なことです。しかし、宗教の側はそういうことを語らずにきてしまった。

　たとえば、宗教施設を運営するのにはお金がかかります。これは当たり前のことです。ですが、そのことと、その人個人の救いには関係がありません。一〇〇万円出したら救いに近づくわけではないんです。一〇〇万円を出す余裕がある人は出してもいいのかもしれません。けれども、一円も出すことのできない人からお金を搾《しぼ》り取ることはしてはならないわけです。

対価サービスと贈与の違い

小原　それとは正反対のことをおこなってきたのが、旧統一教会だと思います。そこで櫻井さんにお聞きしたいのが、信仰とお金の関係です。
　旧統一教会の中ではどのように、献金を際限なく要求していくような論理が正当化されてきたのでしょうか。
櫻井　青年信者の場合は、さまざまな活動をしながら、最終的には合同結婚式に参加して祝福を受けて、子どもを授かるという救いが予定されています。一方で、すでに結婚してしまった人や子どもがいる人は、同じようにはいかないわけです。
この人たちは、神様に対して自分の忠誠を示す手段として「献金しかない」と言われます。そこで信仰がお金に転換されていく。若松さんが言うように、宗教的な行為が対価的なサービスに変わっていくんです。そういったことを積極的に進めているのが旧統一教会です。

しかし、これは旧統一教会だけの問題ではありません。信仰とお金の問題は、さまざまな宗教が抱えており、それを受けて、いろいろな学者が、宗教被害を防ぐためには消費者法の枠の中で宗教行為を対価サービスと認識すれば、価格の相当性が判断できるのではないかという議論を構築しようとしています。

しかし私は、献金やお布施《ふせ》といったものは、対価的なサービスではなく贈与《ぞうよ》的な側面があると思うんです。贈与とは、自分に対して何かをしてくれた人に直接お返しするのではなく、回り回った形でお返しをしたいという気持ちを表すものです。

この対価サービスと贈与との違いを、宗教者自身があまり説明してこなかった。これが、さまざまな混乱を生み出している原因ではないかと思うんです。ですから、宗教リテラシーの問題は、市民の側だけではなく、宗教者の側にもあるのではないのかと思います。

宗教に求められる倫理

川島　宗教者の側の「宗教リテラシー」という話につながるところだと思うのですが、宗教の持つ負の側面はある程度、聖典《せいてん》そのものにルーツがあります。だからこそ、聖典を解釈する宗教指導者の宗教リテラシーの問題に関わってくるのだと思います。

　たとえばお金のことで言えば、聖書で「罪」という言葉は「借金」を表す言葉と原語においては同義です。ですから、罪の償《つぐな》いのためにお金を支払うというのは、聖典レベルで裏づけることもできる。本来は直接つなげてはならないのですが、旧統一教会は巧みにそこを利用しています。

　それから、島薗さんが嘘の問題をあげられました。旧統一教会では「ついてもいい嘘」があるとされています。旧統一教会では、騙《だま》してでも献金をさせるのはいい嘘なんだと言われるんですね。

　その人はそのときには騙されたと思うかもしれないけれど、やがて裁きの日に献金が功徳《くどく》となって、最悪の地獄に行くところだったのが、少しいい地獄に行けるというロジックです。ですから彼らに嘘をついてはダメだと言っても、「いや、これは救いのためには許される嘘なんだ」と教え込まれているため話が通じないわけです。私はこの問題をずっと考えてきました。

仏教の経典『法華経《ほけきょう》』の中に、次のようなたとえがあります。

大きな館《やかた》にたくさんの人が住んでいる。ところが相当古びた館で、いつ崩れるかわからない。それどころかすでに火の手があがって館が壊れてしまいそうだ。ところが、そこに住み着いている人たちは居心地がいいものだから、「危ないよ」と伝えても全然動こうとしない。そこで、その館から引き出すために、その人たちが関心を持つような珍しいものをあげるから出ておいでと言って館から出す。

そういった話が、人を救うときのたとえとしてあるんです。だからこそ、そこで要求されるのは、宗教の側の倫理性、まさに宗教リテラシーだと思うんです。

小原　たとえ嘘であってもそれを正しいものだと信じ込ませられた人が、その状況から脱するのは非常に難しいと思います。川島さん、いったん信じてしまった論理から脱出させるときの苦労があれば教えていただけますか。

川島　嘘を正しいものだと信じ込まされた世界に入り込んだ人には、第三者がいくら言

宗教の持つ負の側面はある程度、聖典そのものにルーツがあります。
——川島堅二

っても難しいものがあるというのが実感ですね。ですので、やはりその人が「本当に火が迫っているんだ」と熱さを感じるような状況に直面しなければなりません。いまの時代、無理やり引き離すことは倫理の観点からできないんです。その点が脱カルト支援の一番難しいところです。

脱カルトの取り組みの中で「三か月」と「一年」という、経験から導き出した数字があります。教団とのファーストコンタクトから三か月までであれば、いろいろな裏事情や情報を提供することで、ほぼ一〇〇パーセント脱出させることができる。その方法で脱出させることができる限界が一年です。一年を過ぎてしまうと、マインドコントロールが深まってしまい耳を傾けてもらえません。

島薗　オウム真理教は規模で言うと、最大で一万人くらいの信者がいたかもしれません。でも、大方は普通の生活に戻っていきました。これはやはり、事件が起きて人々のものの見方が変わったことが大きく影響しています。

同じようにいま、旧統一教会についてさまざまな報道がなされていることが、信者の人たちに相当大きな影響を与えている。だから、一人ひとりを説得すると共に、社会が適切に問題のある集団についての認識を共有していくことが肝要なのではないでしょうか。マスメディアにも研究者にもその役割があるし、そこにはとても大きな意味があると思います。

注

＊1　キリスト教プロテスタントの非主流派。福音派とも言う。保守的で、聖書の教えを重視する。アメリカでは、人口の四分の一を占める最大の宗教勢力であり、共和党の支持基盤となっている。二〇一六年の大統領選では、共和党候補者のドナルド・トランプ（一九四六〜）を熱烈に支持して、勝利に貢献した。

＊2　一九四五年、ＧＨＱは「神道指令」を出し、国家と神道の分離を命じた。これにより、国家神道は廃止され、公立学校での宗教教育や公的機関による宗教儀式が禁止された。

＊3　一八九六〜一九七三。アメリカの宣教師、日本宗教研究者。ＧＨＱ民間情報教育局の宗教調査官として、戦後の宗教政策の作成、宗教法人法の制定に関わる。著書に『天皇と神道』など。

学生たちと〝カルト〟
～なぜ惹かれるのか・困難な脱会への道

川島堅二

巧妙な勧誘

日本脱カルト協会が大学におけるカルト対策のために作成したＤＶＤ「カルトすぐそばにある危機！」では、カルト勧誘の巧妙さをアメリカの社会心理学者フィリップ・Ｇ・ジンバルドーの次の言葉で示している。「カルトに入るのではない。気づくとそこはカルトだったのだ」。

最初に勧誘された時点で、危険なカルトの勧誘であると分かっていれば、その誘いに乗る人は皆無と言っていいだろう。カルトは巧みに正体を隠して近づいてくる。その方法は一九七〇年代から現在までの約五〇年間、時代状況に応じて変化している。

第Ⅰ期・一九七〇～八〇年代

この時期は、旧統一教会の信者が、首都圏の駅前などで「手相を勉強している者ですが、手相を見せていただけませんか」と、行き交う人に手当たり次第に声がけして盛んに勧誘を行っていた時期である。キリスト教系なのに手相というのは不思議だが、これは旧統一教会の教義に基づいた実践だ。

この団体には「神の二性性相《にせいせいそう》と被造世界」という教えがあり、それによれば人間の心は「あるかたちをもっているので、その心に似ている体も、あるかたちを持つようになる」。したがって「観相《かんそう》や手相など、外貌《がいぼう》から、見えないその心や運命を判断することができる」（『原理講論』）というのだ。

明らかに正体を隠した勧誘だが、これを実践している信者にとっては教義に基づく実践なので後ろめたさはまったくない。また勧誘している信者自身が、こうした正体隠しの勧誘によって入信したので、初めから「統一教会です」と名乗られたら自分は入信しなかっただろう、救われることもなかっただろうという心理になっている。したがって「嘘にもついていい嘘と悪い嘘があるが、これは人を救うためなのだからついていい嘘なのだ」と自分を納得させている。

番組では、信者がつくこの「嘘」の問題の根深さを『法華経』の中にあるたとえ話で示したが、同じような話は聖書にもある。借金証書を不正に書き換えることで、かえって主人（神）に褒《ほ》められる管理人のたとえ話だ（「ルカによる福音書」一六章）。この世で「悪」とされることも神仏の目には「善」となる場合があると悪用されかねない話だ。このように宗教聖典には解釈者が都合よく解釈して悪用できる物語があるので、宗教指導者には倫理性（宗教リテラシー）が求められるのである。

第Ⅱ期・一九八〇年代半ばから二〇二〇年（コロナ禍前）まで

一九八〇年代半ばになると、アメリカや韓国から新手の教団が複数日本に入ってくる。日本生まれの団体としてはオウム真理教が活動を始めるのもこの時期である。勧誘方法も多様化する。とくに布教開始当初は宗教法人格もないため、自前の土地建物を所有せず、さまざまなスポーツサークルや文化サークルを装《よそお》って、とくに大学生などの若者をターゲットに勧誘した。

オウム真理教が当初はヨガサークルであったことは有名だが、スポーツであればサッカーやフットサル、バレーボールやバスケットボール、文化サークルとしては劇団やゴスペル、国際交流などである。若い女性をターゲットにしたチアリーディングやモデル部もある。開催会場も公民館の体育施設などごく普通の場所で行われるため、勧誘されても背後に宗教があることはまったく分からない。

共通点としては、スポーツにせよ文化活動にせよ、大学生のサークル活動としては高い水準を保持していることだ。有名私立大学の学生信者によるある劇団サークルは、一般人のファンもおり定期公演が国立劇場で行われていたほどである。

最終的には自分たちの宗教への勧誘が目的なのだが、けっして単なる手段ではなく、旧統一教会信者による手相勧誘と同じく、その活動そのものが教義の実践なので非常に真剣に取り組む。あるキリスト教系の団体では日曜日の午前中に行われる礼拝（教祖のメッセージや讃美歌、祈りなど宗教儀式そのものが行われる）を「第一礼拝」、午後に公民館等で行われるサークル活動を「第二礼拝」と呼んでいた。「第一礼拝」で学んだ教えを実践する場が「第二礼拝」としてのサークル活動という位置付けなのである。

昨今の大学サークルでは、出会いを主目的にしたいわゆる「飲みサー」と呼ばれるものもあり、本来の活動を期待して入会した新入生を失望させるということもままあるが、カルトのサークルは徹底した性の管理、恋愛禁止の鉄の掟《おきて》があるので、サークル本来の活動に集中できる雰囲気がある。それが魅力となって引き込まれる若者も少なくない。

第Ⅲ期・二〇二〇年、コロナ禍以降

二〇一八年、平成最後の年にオウム真理教の代表だった麻原彰晃（本名・松本智津夫）と幹部信者一二名の死刑が執行された。これにより日本社会にカルト問題は幕が引かれたという雰囲気がつくられた。しかし実際はオウム真理教の後継団体や他の教団の活動は依然として全国で継続していた。

カルトの勧誘方法の大きな変化は、新型コロナウイルスの感染拡大によってもたらされた。具体的にはＳＮＳを活用した勧誘活動の展開である。

従来カルトにとってインターネットはむしろ不都合な仕組みであった。そこに自分たちの正体（反社会性や人権侵害的な被害）を暴くような情報が、専門家や元信者によって公開されているからだ。したがって「インターネットにはサタンが強く働いている」「霊の弱い人は見てはいけない」などの指導が、勧誘されて間もない段階で入る場合が多かった。

しかしながら、コロナ禍に入り、対面での活動が極端に制限されて以降は、むしろインターネット、とりわけＳＮＳを積極的に利用する方向にシフトしている。

出会い系サイトの悪用については番組で述べたが、そのほか最近の旧統一教会の事例では、ＳＮＳ上に自分のアカウントを公開している人を手あたり次第フォローして、フォローバックしてくれた人、すなわち相互フォローの関係になった人に、アンケートの協力依頼をするなどの形で関係を深め、最終的には教会主催のイベントへの参加に導くケースが報告されている。コロナ禍の終息が見えない今日、こうした勧誘方法は今後も継続して行われていくと思われる。

カルトに惹かれる理由

以上見てきたように、カルトへの入信は「惹《ひ》かれる」というよりは正体を隠した巧みな勧誘によって、カルトとは知らずに関係を深めてしまい、気づいたときには後戻りできなくなっていたという場合が多い。

しかし、深入りしてしまう理由は勧誘方法の巧みさだけではない。カルトには魅力的な人が多いのも事実なのだ。脱会を決意した信者から、しばしば聞かれるのは次のような言葉だ。「先生の話を聞いて、関わってはいけない団体であることは分かりました。しかし、とてもいい人たちなので脱会後も友人として関係を持ち続けてはいけませんか」。

オウム真理教の最盛期（一九九〇年代初頭）、信者数は約一万人とされるが、そのうち何らかの犯罪に関わったとして起訴された教団関係者は一九二人。全体の二パーセント以下である。それ以外の信者は悪くないとは言えない。犯罪集団を下支えした責任は当然あるし、事件に至らずとも常軌《じょうき》を逸した言動で家族や身近な人を傷つけた事例も多くあっただろう。しかし、大部分は彼らなりの信念に基づいてこの世界を「救おう」と修行に励んでいた「まじめないい人たち」だったとも言える。

ある高校三年生は、カルトが主催するイベントに最初に参加した日の日記に次のように書いている。

「今日という日は絶対忘れない。人生の分岐点は今日だと確信したからだ。僕が心の底でずっとずっと思っていたこと、消えかかりそうな時に火が上がった。僕の人生が一八〇度変わった。そこは向上心や愛、自分を成長させたい、もっと高みに行きたいという人の集まりだ。まさに僕の理想がそこにあった。実に温かく優しい。一人も変な人はいない。フレンドリーに話してくれる。そこには笑顔、本物の笑顔があった。僕はここで変われないようじゃ人生負けだと心底思う」

これは教団の側が、そういう人を選んでいるという事情とも関係している。

一九六四年、旧統一教会は日本で宗教法人として認証されると、間髪をいれずに全国の大学に原理研究会を設立した。大学進学率（男子）が二割程度の時代である。優秀な若者を戦略的に信者として獲得することに教団がいかに力を入れていたかが分かる。

また、勧誘したすべての人に正体を明かして信者にするのではなく、慎重に人を選んで教義の教え込みに導くのもカルトの特徴である。

信者たちの生活は、禁欲的な節制生活だ。毎日早朝に集まり教祖の教えを受けたり祈ったりしてから通学、放課後にまた集まって夜遅くまで活動、就寝は深夜、休日はさまざまな行事イベントと、休みのない生活を強いられる。結婚は同じ信者同士のみ。マスターベーションも含めて一切の婚外性行為の禁止、信者の中に好意を寄せる人が現れてもリーダーの許可がなければ交際を始めることもできない。このような生活を続けられる人だけがカルト信者として残ることになる。

脱会への道

番組では脱会に関して「三か月」と「一年」という期間を提示したが、これは主に私が相談対象としてきた大学生の場合である。

大学での勧誘は四月の入学と同時にキャンパス内でのサークル勧誘から始まる。「三か月」というのは夏休み前までということ。夏休みに入ると泊まりがけ合宿などへの参加により教義の浸透が深まってしまう。その前であれば一回の面談でほぼ一〇〇パーセント離脱させてきた。「一年」で一通りの行事を経験し、この間に正式に信者になる場合が多い。したがって翌年には勧誘する側に回り、うまくいって一人でも後輩ができてしまうといよいよ離脱は困難になる。

「三か月」と「一年」を確認して、前者の場合であれば、「すぐ本人を連れてきてください」という対応になるし、後者の場合は、相談者（親）に専門家が指導する家族の会などを紹介し、長期戦を覚悟して臨むことになる。カルト対策は時間との勝負であることを忘れないでいただきたい。

第Ⅱ部

われわれは宗教と
どう向き合うべきか

第4章 宗教離れと宗教集団の〝劣化〟

宗教から離れていく日本人

島薗　第Ⅱ部では、わたくし島薗が司会進行を担いまして、「われわれは宗教とどう向き合うべきか」というテーマに焦点を当てて議論を進めていきます。

そもそも宗教とは何なのか、宗教について何を考えなければならないのか。さらに私たちは宗教の未来をどのように考えていくべきなのか。そのようなことについて話を展開していければと思っております。

現代は宗教離れの時代だと思っている方も多いと思うのですが、実際はどうなのでしょうか。宗教離れの時代だとすると、それはこれからも進んでいくのでしょうか。同時に、そのような状況の中で、現在の宗教集団が劣化してきているのではないかとも思います。そのあたりについて、まず釈さんからお話をいただければと思います。

釈　いま、「宗教離れ」と「宗教集団の劣化」というお題をいただきました。私たちはこれまでにカルトと宗教について議論を進めてきましたが、一方で伝統宗教についても考えてみようということだと思います。

日本における伝統宗教、たとえば神社神道や伝統仏教教団などの求心力が落ちてきているのは、間違いないと思います。形成している母集団もどんどん脆弱《ぜいじゃく》になってきています。その点から、日本人が宗教から離れていって宗教集団が劣化している、ということは言えると思います。日本のキリスト教教団でも、大変な高齢化が進んでいる状況のようです。

また、新宗教を考えてみても、同じようなことが言えるでしょう。新宗教は、近代化や高度経済成長で宣教を拡大してきました。しかし、たとえば天理教[*1]や立正佼成会[*2]なども、だんだんと縮小傾向にあるようですし、高度経済成長期の申し子と言うべき創価学会[*3]でさえ、宗教教団としては縮小傾向にあると言えるかと思います。

ですので、伝統宗教であれ新宗教であれ、日本の宗教団体は縮小傾向にあります。そこには、社会の形態や就業形態の変化、地域コミュニティの解体、家族形態の変化などが大きく影響しているように思います。

特に伝統教団は、旧来の地域コミュニティや家族形態の上に乗ることで存続してきたので、ベースとなるものの形が変われば、好むと好まざるとにかかわらず転換期を迎えるわけです。そもそも伝統教団は図体が大きいので、フットワークが鈍いですし。

ただ、現場の宗教者の意見として言わせていただくと、宗教世界の時間はかなりゆっくり流れているという特徴があります。ですから、次々と起こる社会の変化に対して、いちいち対応できるようにはなっていません。逆に言えば、変わらないから安心できるとか、変わらないところが大切だという側面を実感するときもあります。
とはいえ、どんどん先細りになっているのは、間違いないでしょう。

ヨーロッパでの「世俗化」と「成長点」の移動

小原　日本社会に限定して考えると、いま釈さんがおっしゃったとおりだと思います。私たちの多くは、「日本人は無宗教だ」と言われると「まあ、そうですよね」と納得してしまうのではないでしょうか。しかし、日本のフィルターだけを通して世界を見てしまうと、本質を見誤ると思うんです。

日本社会と非常に似たような状況になっている地域や国はたくさんあります。たとえば、その一つがヨーロッパです。

ヨーロッパは、かつてキリスト教世界の中心を担い、何百人もが礼拝できるような立派な教会がたくさんあります。ところが、礼拝のある日曜にその立派な教会に行ってみると、前列のほうにご高齢の方が二、三〇人だけ座っているというようなことも珍しくありません。

教会が求心力を失い、その社会的影響力が小さくなっていくことを、学術的には「世俗化」と言います。ヨーロッパではキリスト教の世俗化が進んで、その力が落ちてきていると言うことができます。

ただ、ヨーロッパに限って言えば停滞ぎみなのですが、他の地域を見ると実はそうでもないことがわかります。私はこれを、宗教の「成長点」が移動していっているのだと思っています。

キリスト教はかつて「西洋の宗教」と言われましたし、日本でもそのように信じられてきました。人口比で言うとキリスト教の人口は世界人口の三分の一強もあるんですが、いまではそのうちの半数以上の人が西洋には住んでいません。ですから、人口の面だけで言うと、キリスト教はもはや西洋の宗教ではないんです。宗教の中心点、成長点が移動してきているからです。

では、どのような地域で成長しているのかというと、アジアやアフリカ、ラテンアメリカです。ヨーロッパでは世俗化しているものが、アジアやアフリカ、ラテンアメリカでは急成長している。一方では衰えているように見えても、視点を変えると、他方ではまだまだ伸びている側面があるんですね。

では、そのような地域では、なぜ成長しているのか。キリスト教の場合には、地域社会のニーズに応えて地域に根を張っていくことで成長しています。それによって新しい教会が生まれたり、あるいはかつてはカトリックだったラテンアメリカに、プロテスタントの教会がどんどん増えていったりしている。そのような状況が実際に起きています。ですから、宗教は決して固定的なものではありません。

生きるために必要な「場」

小原　現代は、カルトも含めて宗教活動がグローバル化してきています。宣教活動を通じて国境を越えて、さまざまなところで活動しているので、たとえ国内の宗教の問題を考えるにしても、国内だけに目を奪われるのではなくて、いま世界で何が起きているかに関心を向け続ける必要があると思います。

釈　日本でもいま、南米のキリスト教教会が随所にできています。南米から日本にやってきて、月曜から土曜まで一生懸命働く人たちが日曜になると教会に集まる。教会では、母国の言葉でお説教を聴き、母国の歌を歌って、母国の食事をして、つながりを実感する。そしてまた月曜から一生懸命働く。

人間の暮らしには、こういう宗教的な場が必要なんだということを実感させてくれます。

小原　いまの例は、日本社会の今後を考えるうえでも非常に重要だと思います。コロナ禍が落ち着いて外国人労働者の受け入れが再び増えてくると、その人たちが日本社会で居場所を見つけることが大きな課題となってくるからです。

日本では、日本人のカトリック信者の数が減ってきています。ところが、国内の信者の総数は変わっていないんです。では、いったい誰が補っているのかというと、外国人のカトリック信者なんです。外国人のカトリック信者が増えているので総数が変わっていない。

実際、大きなカトリック教会では一日に数回ミサをおこないますが、外国人だけのミサもあります。たとえばフィリピン人だけのミサに行くと、熱狂的に歌って踊って、太鼓をたたいたりする。また教会は、ミサを共にする場というだけではなく、情報交換の場にもなっています。在留外国人としてのフィリピン人にとって、まさに生きてゆくために必要なハブとなっている。

教会がそのような役割を果たしているとするならば、日本人にとってだけではなく、新たにやってくる外国人の方々にとっても重要なものになるのではないかと感じることがあります。

釈　その点はキリスト教の優れたところですよね。特にカトリックは世界統一規格的なところがあって、どこで暮らしていてもカトリック教会へ行けばいいという、大変うらやましい特徴を持っています。

島薗　櫻井さんは、アジア地域の研究をされています。私たちはどうしても「西洋と日本」という観点に引きずられてしまうのですが、櫻井さんからご覧になっていかがでしょうか。

櫻井　東アジアにしても東南アジアにしても、宗教団体あるいは宗教活動は非常に活発です。最も顕著な例は中国だと思います。中国は宗教団体を「宗教事務条例[*4]」にしたがって行政でガチガチに管理しています。しかし、そのなかにあってキリスト教の伸長率にはめざましいものがあります。おそらくアジアの中でのキリスト教人口は、韓国を抜いて中国が一番多くなるのではないかという予想もあるくらいなんです。

　ですから、宗教というのは、信教の自由を享受できる日本のような地域だと弱くなり、統制下にある中国のような地域だと強くなる傾向にあります。これはチベット仏教[*5]もそ

宗教世界の時間はかなりゆっくり流れているという特徴があります。
——釈 徹宗

うですよね。ダライ・ラマ一四世が亡命して、世界中を巡るしかなくなった状況の中で、一民族宗教が世界宗教化しているという現象がある。

　ですから、宗教運動、宗教文化というものは、地域の違いを含めて歴史的なスパンで見ていくと、おもしろい要素があるのではないかと思っています。

若松　いまの「成長」のお話で、別な角度から考えてみたいことがあります。それは、宗教と「拡張」の問題です。

　宗教が力を持つと言うときに、拡張している規模によってその勢力を測ることがあります。もちろん、それは一つの視座であるとは思います。ただ、宗教が本当の意味で深まっていくことを考えるときに、拡張することが「深まること」と必ずしも一致しないことがあると思うんです。

いま重要なのは、宗教の側が深まる方向に舵《かじ》を切れるかどうかではないでしょうか。世界でさまざまな拡張の現象があると思うのですが、それが本当に深く持続的なものかどうかを考えてみなくてはならない。また、規模としては縮小してはいるけれども、縮小することによって初めて自分たちの至らなさ、つたなさ、あるいは傲慢さが見えてくることもあると思います。

「宗教的なもの」は求められていないのか

島薗　私は今年の三月まで九年間、上智大学の「グリーフケア研究所[*6]」で所長を務めていました。毎年、一〇〇人くらいの人が受講されるのですが、そのほとんどが社会人なんです。平均年齢は四〇代後半から五〇代、そのような方が学びにくる。
グリーフケアとは何かというと、大切なものを失った喪失やつらさから、何かを学んでいくものです。なので、そこには「スピリチュアリティ」という、宗教に通じるものが必ず関わってきます。

受講生には、看護師さんなどケアの仕事に就いている方が多いです。人の世話をする方々にとっては、宗教に通じる何か、つまりスピリチュアリティが非常に身近にあるように感じます。
私は、宗教教団には宗教性が見えにくくなっていて、かえって、そうではないところに宗教的なものを求める傾向があるのではないかと思います。釈さん、そのあたりはいかがでしょうか。

釈　たとえば、ＮＨＫ放送文化研究所が五年に一度、「日本人の意識」という調査を四五年間ずっと定点観測的におこなっています。その中の、日本人における宗教意識に関する調査結果を見ると、実はこの四五年間でそこまでの変化はありません。この調査は年代別、あるいは性別でも分けてデータを解析しているのですが、この四五年間、日本人の宗教心には大きな差がない（一〇二頁E）。
ただ二度ほど大きな変化があった時期もあるんです。まず、一九七〇年代の精神世界ブームのときにニューエイジ系の人が増えたと考えられます。また、九〇年代のカルト事件続発のときには親・宗教の人が減っています。この二つの時期に大きな増減があるだけで、その他に関しては四五年間ほとんど変化がない。むしろ、若年層の占いとか、

■宗教的行動～おこなっていること

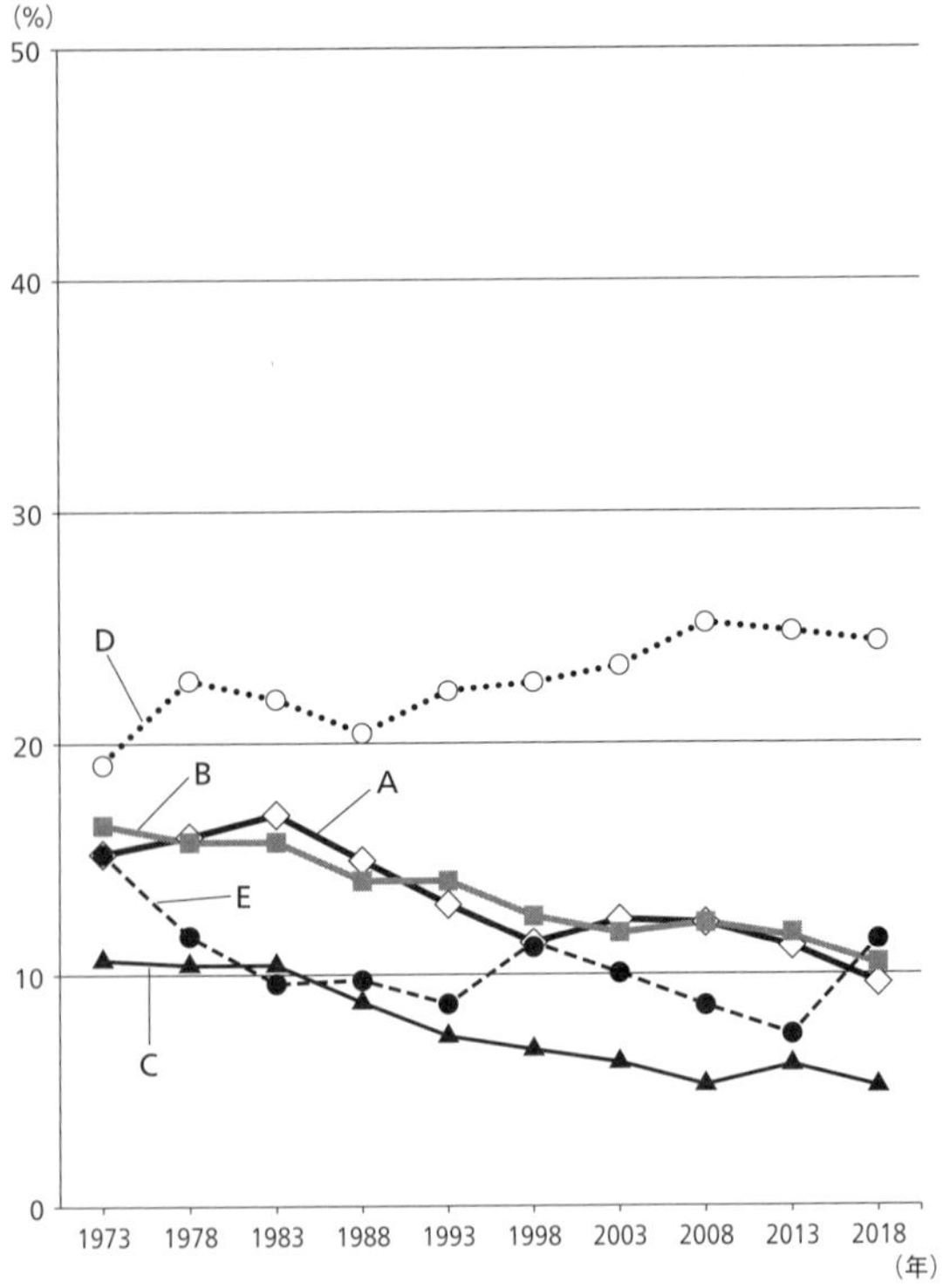

A：ふだんから、礼拝、お勤め、修行、布教など宗教的なおこないをしている
B：おりにふれ、お祈りやお勤めをしている
C：聖書・経典など宗教関係の本を、おりにふれ読んでいる
D：この1、2年の間に、おみくじを引いたり、易や占いをしてもらったことがある
E：宗教とか信仰とかに関係していると思われることがらは、何もおこなっていない

■信仰・信心〜信じているもの

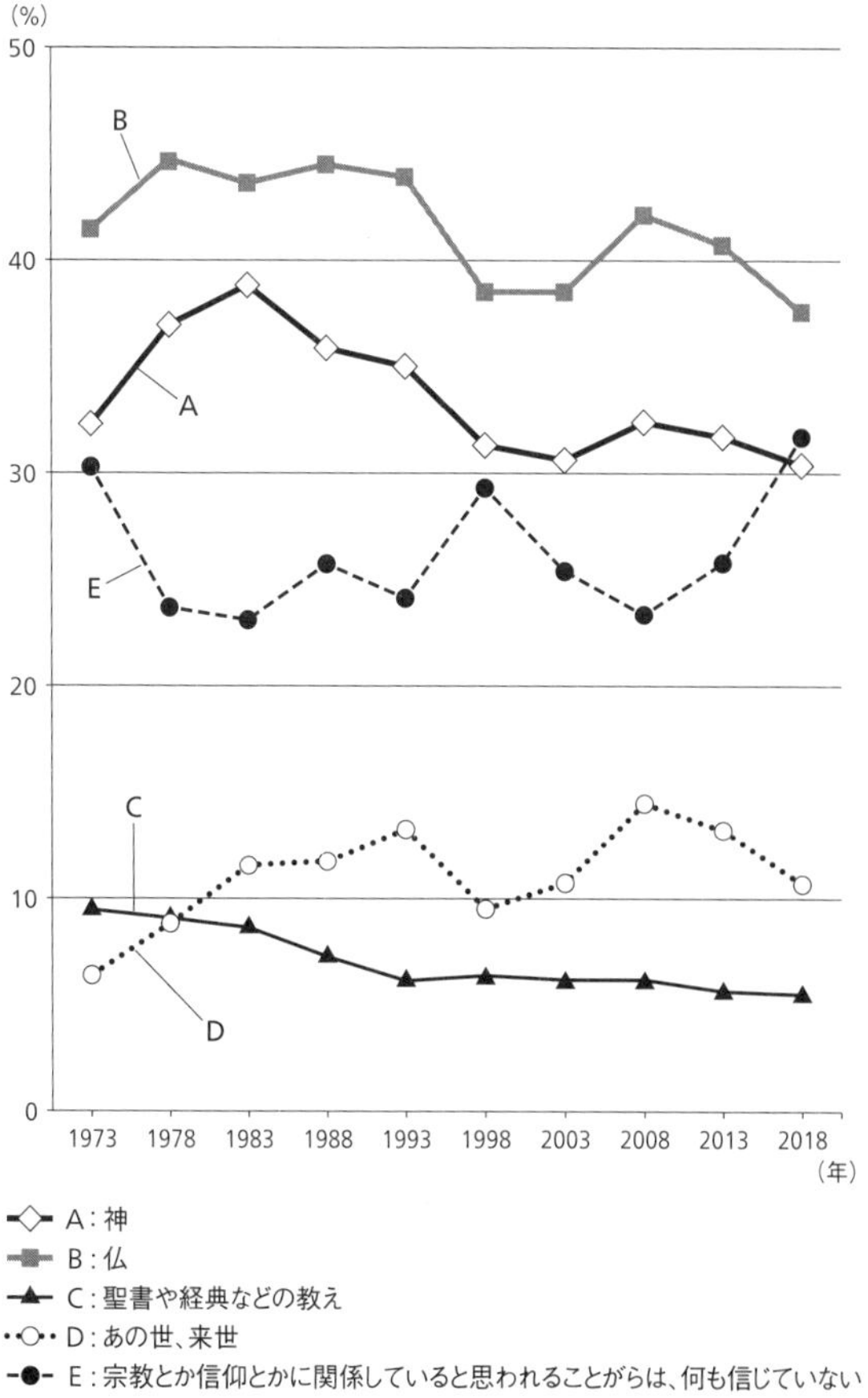

出典：NHK放送文化研究所ウェブサイト「第10回「日本人の意識」調査(2018)結果の概要」より抜粋(いずれも数値をグラフ化したもの)

生まれ変わりとか、そういったものは増えています（一〇二頁D）。

一方で、いま島薗さんが言われたように、教団離れ、宗派離れは一気に進んでいます。四五年のあいだでずっと減っているのは、「経典や聖典に関する親しみ」（一〇三頁C）あるいは「各宗教に対する親しみ」（一〇三頁A・B）です。これらはどんどん減っている状況です。

川島　宗教の劣化という話題で一つ紹介したいエピソードがあります。

何年も前の話なのですが、ある仏教系の新宗教に講師で招かれたことがありました。その幹部の人たちから、「実は私たちの教団はこれから外国のキリスト教世界に打って出たいんだ」と言われたんです。ついてはキリスト教について学びたい、と。そこで、五回にわたって「キリスト教とは何か」という話をしてほしいと招かれたんです。

これには本当に驚きました。たとえば日本基督《キリスト》教団*7に、仏教の国へキリスト教を宣教するために仏教の専門家や僧侶を招いて仏教を学ぶだけの元気があるかといえば、そういう機運はまったくないと思ったんですね。同じ教団の中で他宗教に詳しい専門家を招くのではなく、外部の人から学ぼうとしている。

のちに調べてわかったのですが、その教団に入るためには、それまで持っていた信仰を捨てる必要がないんです。これはキリスト教ではあり得ないことで、洗礼を受けるからには以前の宗教とは縁を切ることになります。他宗教からキリスト教へ改宗するための儀式は、いまでもかなり厳格にあります。でも、この団体は「そのままでいいですよ」と言うんです。

また、この団体では脱会の規定がはっきりしています。やめる場合にはどうする、という規定が明確にある。キリスト教では、一度洗礼を受けたら、これは一生もので取り消しがきかないんです。

このような、他に学ぶ謙虚さや二者択一を迫らないあり方、そして、やめる手続きが明示されていること、このあたりにこれからの宗教のあり方のヒントがあるような気がしました。伝統教団には長い神学の歴史がありますから、彼らと同じことをするのには難しいところもありますが、何かヒントになるものを感じます。

注

*1　一八三八年に成立した中山みき（一七九八〜一八八七）を教祖とする新興宗教団体。神の啓示を受けた中山の教えを体系化、人間が助け合い、共に楽しむことができる社会の実現を目指す。信者数は、最盛期が約二六一万人（一九八一年、文化庁「宗教統計調査」）、現在は約一二〇万人（二〇二〇年、同）。

*2　一九三八年、庭野日敬（にわのにっきょう、一九〇六〜九九）と長沼妙佼（ながぬまみょうこう、一八八九〜一九五七）が中心となって創設した日蓮宗系新興宗教団体。法華三部経を経典とし、親孝行と先祖供養を大切にする。信者数は、最盛期が約六五五万人（一九九三年、文化庁「宗教統計調査」）、現在は約二二二万人（二〇二〇年、同）。

*3　一九三〇年、牧口常三郎（まきぐちつねさぶろう、一八七一〜一九四四）と戸田城聖（とだじょうせい、一九〇〇〜五八）が設立した創価教育学会を母体とする日蓮宗系新興宗教団体。日蓮の仏法を信奉し、全人類の幸福と平和の実現を目指す。高度経済成長期に農村から都市へ移住してきた人々のあいだにひろまり、教勢が拡大した。世界一九二の国と地域で活動し、日本の信者世帯数は公称八二七万世帯、海外の信者数は公称二八〇万人。

*4　二〇〇四年に中国で制定された、国家が宗教を管理するために定めた法律。信教の自由を保障する一方、宗教団体の登録を義務づけ、無許可の宗教活動に罰則を設けた。二〇一七年に改定され、宗教が社会主義に適応するよう国家が積極的に指導することを明文化するなど、管理が強化された。

*5　中国南西部のチベットを中心に発展した仏教。インドから伝わった仏教とチベット古来の民族宗教が

融合して形成された。一九五〇～五一年の中国によるチベット併合以降、チベット仏教は中国政府から迫害を受け、最高指導者のダライ・ラマ一四世（一九三五～）は五九年にインドへ亡命し、中央チベット行政府を樹立した。

＊6　二〇〇九年、上智大学に設立されたグリーフケア専門の教育研究機関。グリーフとは、自分にとって大切な人や事物を喪失したことによる深い悲しみのことで、悲しみを抱えた人に寄り添い、立ち直れるよう支援することをグリーフケアと言う。

＊7　日本最大のプロテスタント系教会の団体。一九四一年、約三〇の教団が合同して成立、現在は約一六七四の教会・伝道所が属している。信者数は約一一万人（二〇二〇年、文化庁「宗教統計調査」）。

宗教で〝苦しみ〟はなくなるのか？

釈 徹宗

本稿で与えられたテーマは、「宗教で〝苦しみ〟はなくなるのか？」というものである。この問いを手がかりに、宗教という領域の特性について述べようと思う。カルト宗教や宗教教団による反社会的行為の問題からは少し離れることになるが、宗教についてじっくりと考察する手がかりにはなると思う。

しばしば、「宗教って、心の問題でしょう？」といった意見を耳にするのだが、それほど単純に割り切るわけにはいかない。宗教はさまざまな営みの総体である。生活規範の問題、タブーの問題、政治・経済・法律から、衣食住に至るまで、あらゆる場面で宗教は底流している。宗教はロゴス（論理）・パトス（情念）・エートス（行為様式）が編み物のように編み上げられた体系なのである。ゆえにその文脈が異なれば、世界の見え方も人生の見え方も違ってくる。

今回の世界平和統一家庭連合（旧統一教会）の問題を契機に、我々の生と死の営みの中で息づいている宗教への理解が成熟することを心から願う次第である。

仏教の苦悩解体メソッド

二五〇〇年以上前、インド北部において、ゴータマは〝生きる上で避けることのできない苦しみを解決する道〟を求めて出家した。そしてついに答えへと到達する。それは〝自分の都合を消滅させる〟という驚くべきものであった。自分の都合こそ、苦しみを生み出す根源だからである。根源を断てば、苦しみも消滅する。そしてそのための身心の技法を明示したのである。

凡人には「そんなこと可能なのか」「なんて非人間的な」としか思えないが、ゴータマはこの道を完成させてブッダと成《な》った。〝ゴータマが道を完成させてブッダと成った〟、これこそすべての仏教者が共有している信心・信仰である。ゆえに、仏教者は「悟りを開くことができれば苦しみは消滅する」という立場に立つ。

仏教が提示する身心の技法はまさに苦悩解体メソッドである。悟りへの道程ははるか遠くとも、観察《かんざつ》や静慮《じょうりょ》や呼吸法などによって、身心を調《ととの》え、瞬間瞬間に自分の都合を手放すことによって、苦しみや悩みと距離を置くことができる。

ただ、ゴータマ・ブッダも肉体的痛みの苦しみは引き受けねばならなかった。ブッダの最期《さいご》の様子を描いた『大般涅槃経《だいはつねはんぎょう》』には次のような記述がある。

さて、鍛冶工《かじこう》の子チュンダの食べ物を食べ終えられた世尊《せそん》は、重い病気に罹《かか》られた。出血をともなう、死ぬほどの激痛に襲われた。しかし、世尊は、念《ねん》をそなえ、正知《しょうち》をそなえられて、悩まされることなく、それに耐え忍ばれた。

（『大般涅槃経』）

病気による激しい痛みに耐える高齢者ブッダの生々しい姿である。身体の苦痛はブッダが今生《こんじょう》の息を引き取るまで、繰り返し起こったことを経典は伝えている。

人間には「精神的痛み」「身体的痛み」「社会的痛み」の三つ（これに「宗教的痛み」を加える場合もある）があるとも言うが、いずれもなかなかやっかいである。もちろん、社会制度や医療の発達によって、これらの苦痛を低減することにも取り組み続けていかねばならない。ただ、社会制度や医療と違って、宗教の救いは次項で述べるナラティブに身を投じねば起こらないといった事情がある。

ナラティブによる救い

編集部からもらった「宗教で〝苦しみ〟はなくなるのか?」というお題だが、ゴータマ・ブッダの終末期からも学べるように、生きている限り苦しみはなくならないと言わざるを得ない。しかし、宗教は「生きる上で避けることのできない苦しみを、どう引き受けて生き抜くか、死にきっていくか」という人類の知恵の結晶である。すなわち、宗教によって解決する苦しみがあることは間違いない。ブッダにおいても、老病死の問題はすでに解決済みであった(と、仏教者は信解《しんげ》している)。

ただその一方で、宗教によって苦悩が深くなる事態も起こる。

日本仏教には、「仏法《ぶっぽう》は邪魔になるまで聞け」という金言がある。仏法を聞けば聞くほど、自分自身の在りようが問われるため、以前は気にならなかったものが気になってくる。ついには「仏教の教えに出遇わなければ、こんなことに悩まなかったのではないか」と苦しみ、仏法が邪魔になってくるというわけだ。人間の苦悩というのは一筋縄ではいかない。

ところで、我々は、この世界を言葉や理念で分節して認識している。民族・国家・信仰なども、この世界を分節するコード（解読する規則）であり、意味の体系であり、ストーリーであり、物語である。善も悪も、我々の人生も物語であり、宗教もひとつの物語なのである。

ここで言う物語は、便宜上、情報と区別して使っている。「新しいものが手に入れば、それまでのものは不要になる」といった性質のものと、「一度それと出遇ってしまうと、もはや無視することはできなくなる」といった性質のものとを区別して、前者を情報と呼び、後者を物語と呼ぶことにする。

たとえばアンチエイジング情報や終活に関する情報は次から次へとやってくるが、それを追いかけ続けても老いや死の問題は解決しない。消費可能な情報では救われない。一方、物語は、それに出遇ってしまうと出遇う前に戻れないほどの力をもつ。

またさらに、他に代替することができない物語を「ナラティブ」と呼称したい。

たとえば、法蔵菩薩《ほうぞうぼさつ》が阿弥陀仏《あみだぶつ》へと成仏する物語は、他のものに取り換えることはできない。私の人生という物語も、他のストーリーで代替することができない。そしてそれはもの語ることでしか、表現し得ない。これをナラティブ（代替できないもの語り）として考察したい。ナラティブへと自己投機する営み、あるいは被投されるのが信仰である。

人類史上最も強力なナラティブをもっているのは宗教体系である。社会にはおさまらない物語（来世や神など）を有しており、この世界の始まりから終末までをもの語るのである。

連綿と続いてきた宗教体系のナラティブと出遇い、「ああ、この道は私のためにあった」という事態が起これば、もう他のナラティブは不必要になる。そしてそこに身も心もゆだねることができれば、宗教的救いが成立する。そこで人は救われるのである。その時、ナラティブは、私にとって、まぎれもなく真実であり、真実としか表現しようがないものへと変貌《へんぼう》する。

このため、宗教という領域の特性として、ある体系を歩んでいる者にとっては絶対に譲《ゆず》ることのできない重要な事柄が、他の体系を歩んでいる者にとっては何の関係もないということが起こる。宗教というのは、そういう領域なのである。自分が信仰する宗教を絶対視するという傾向は、大なり小なり避けがたい。

それだけに、同じ信仰・信心をもつ者同士のつながりというのは強烈だ。だからこそ宗教コミュニティは独特の強さをもつこととなる。また、そのコミュニティは、やはり排他的傾向をもちがちである。宗教が、信じている者と信じていない者との境界を生み出すのは避けられない。また、この境界ができないような宗教というのは、生きる力にはならない。

大切なことは、その境界を越える回路をどう構築していくか、それぞれに体系化されているナラティブとナラティブとをいかに架橋していくかである。

宗教コミュニティがもたらす喜び

現場の住職の実感から言えば、宗教コミュニティを運営していくのは、たやすいことではない。また、ひとつの宗教法人を運営していくことも苦労が山積みである。宗教理念や信仰の理想とは別のマインドセットが必要となってくる。

それでも同じ道を歩む喜び、同じものの語りを共有する喜びは、何ものにも代えがたいところがある。

今回の議論の中でも触れたのだが、我々の社会は急速に中間共同体が痩せてきている。家族という小さな共同体と、国など大きな共同体との「中間」が脆弱になっている。世界各国の中で、とりわけ日本が顕著《けんちょ》らしい。

これまでの地縁・血縁・職縁に基づいた中間共同体ではなく、これからは公正性（フェア）が担保され、互いに分かち合う（シェア）精神を持つ、「フェア&シェア」の中間共同体を多様に立ち上げていかねばならない事態に直面しているのである。そしてこのことは、困難な人生を生き抜くために、苦しみを低減していくために、とても重要な案件なのである。

人間の身心は何ものかに「つながっている」という実感がないと、生きていくのがとても難しくなる。つながっているという実感があるから、苦しい日々を生きていける。それは人間が本来的にもっている特質である。宗教コミュニティもこの一《いち》翼《よく》を担っている。

と同時に、今回の旧統一教会問題のように、宗教共同体の特性が悪用される事態も起こることを見落としてはならない。同じ道を歩むために集まったはずのメンバーを、搾取やコントロールの対象としてしか考えていない集団だってあるのだ。

誰もが当事者である

ところで、今回の議論で〝信仰の加害者性〟について言及しているが、それと共に〝宗教に無関心な人の当事者意識〟が重要であることを述べておきたい。

宗教の問題は、宗教者・信仰者だけの取り組みでは成り立たない。信心・信仰をもつ人だけの問題であると捉えている限り、望ましい方向へと進まない。宗教に無関心な人の当事者意識が重要である。多くの人が宗教について学び、宗教について向き合ってこそ、宗教の問題がより良い方向へと進むことになる。宗教に無関心な人も、篤《あつ》い信仰をもつ者も、互いに呼応し合うことを目指すのである。すなわち、宗教に無関心な人による「自分も宗教問題の当事者である」と自覚する作業が必要なのだ。

この問題に部外者はいない。誰もが当事者である。ここが成熟せねば、反社会的カルト宗教の問題を解決する扉は開かない。〝信仰の加害者性〟と〝宗教に無関心な人の当事者意識〟との両輪が大切なのである。

宗教は人を救う力をもつが、それはあっさりと日常を破壊する力にもなる。今回を機にしっかり宗教について取り組むことが肝要だ。スキャンダラスなトピックだけに目を奪われていては、単なる消費されていく情報のひとつになってしまう。今回の問題で、我々の社会は宗教をどのようにとらえているのか、そこが露呈したのだ。ここはしっかりと腰を据えて向き合わねばならない。

第5章 政治と宗教のゆくえ

近代から引き継がれたもの

島薗　旧統一教会の問題は、宗教集団の異様な行動という問題と共に、政治と宗教の関係も問題にあがっています。

今回の一連の流れで、宗教と政治の関係が相当いびつになっていることが露《あら》わになった。選挙のときに協力してもらうのは政治家として何ら恥じることではない、当然のことだと捉えている政治家が多いと。

一方で、それについての有効な反論も、すぐには出てきません。このことについて、小原さんはどのようにお考えでしょうか。

小原　まず、政治と宗教の関係を日本社会に即して考えていきたいと思います。

日本で「信教の自由」が議論され始めたのは、近代化が始まった明治期に入ってからです。今後の日本の国作りにどこの国がモデルになるかを模索するために、明治期に岩倉使節団[*1]などがヨーロッパ諸国やアメリカなどを歴訪するんですね。そして、最終的にたどり着いたのがドイツでした。大日本帝国憲法なども、ドイツの憲法をモデルにしています。

当時のドイツでは、まず統治機構の頂点に皇帝がいて、その皇帝をルター派教会[*2]が下

日本で「信教の自由」が議論され始めたのは、近代化が始まった明治期に入ってからです。
——**小原克博**

から支える構造になっていました。岩倉使節団は、ドイツで政治体制と宗教界とが一体になっているのを見て、「これは日本でも使えるのではないか」ということを感じとったわけです。つまり、ドイツにおける政治神学を日本に移植し、天皇を中心とした国家作りのための一つのモデルとした。

私たちがここで考えるべきことは、「国家とは何か」ということを考えるときに、宗教という要素は絶対に欠くことができないということです。

世界的に、国家を近代化する際にまず整備されたのは徴兵制度です。戦争が起こると、徴兵されたたくさんの若者が死にます。そうなると、その若者を弔《とむら》う国立墓地ができる。

そして、墓地を作るだけでなく、国家が追悼《ついとう》の儀礼をするようになります。その流れで、国葬も頻繁におこなわれるようになりました。国家のために命をなげうった英雄に対して、盛大な儀式をおこなうことで国威高揚をしてきたわけです。「弔う」という極めて宗教的な儀礼は、かつてであれば教会のような宗教組織が担っていました。しかし、それを国家が担うようになり、やがて近代国家の形成の中に組み込まれていったのです。この形態は日本にも見られます。

では、そのような形態が第二次世界大戦後の日本でどうなっていったのか。まず、祭政一致や政教一致的な日本の政教関係は、戦争によっていったん終止符が打たれました。日本国憲法では、第二十条で政教分離が謳《うた》われています。

ですから、私たちはかつての政教一致から政教分離へと、政教関係が一夜にして移行したような感覚を持っているんです。戦前と戦後で大きく変化した結果、そこには断絶があるように感じがちなんですね。

でも、多面的に考察していくと、断絶は実はそれほど大きくなくて、むしろ、連続性のほうが残っているのではないかと私は思っています。戦前の日本の政治と宗教の近接性が、いまも日本社会に引き継がれているのではないか。そのことを、私たちはいま考

■「信教の自由」条項 現行憲法と自民党改正草案比較

【日本国憲法】

第二十条　信教の自由は、何人に対してもこれを保障する。いかなる宗教団体も、国から特権を受け、又は政治上の権力を行使してはならない。

② 何人も、宗教上の行為、祝典、儀式又は行事に参加することを強制されない。

③ 国及びその機関は、宗教教育その他いかなる宗教的活動もしてはならない。

【自民党改正草案】 平成24年4月27日

第二十条　信教の自由は、保障する。国は、いかなる宗教団体に対しても、特権を与えてはならない。

2 何人も、宗教上の行為、祝典、儀式又は行事に参加することを強制されない。

3 国及び地方自治体その他の公共団体は、特定の宗教のための教育その他の宗教的活動をしてはならない。ただし、社会的儀礼又は習俗的行為の範囲を超えないものについては、この限りでない。

えるべきではないかと思います。

今後、自民党は憲法改正に向け、ますます声をあげていくと思います。自民党は平成二四年（二〇一二）に、すでに憲法改正草案を作っています。そこでは、信教の自由と政教分離を規定した第二十条に手をつけているんです（前頁参照）。

確かに、国家が宗教的な行事をおこなってはならないとは謳われています。ただ、但《ただ》し書きがついていて、社会的儀礼や習俗的行為はその限りではないという形で、例外条項を設けているんです。

ここから見えてくるのは、宗教と政治がうまく通じ合うような関係を残しておきたいという意図です。そういった政治意図の積み重ねが、今日の宗教をめぐる諸問題の遠因となっているのではないでしょうか。

政治と宗教の三類型

島薗　旧統一教会問題で、政治が宗教を利用するという、非常に醜《みにく》く歪《ゆが》んだものが見えてきたわけですが、いまのお話を聞くと、実は近代国家の中にそれらはすでに宿っていて、日本の場合も、そのような視点で近代史を見なくてはならないということですね。

櫻井　政治と宗教の関係は切り離せないというのは、そのとおりだと思います。戦後、宗教団体が政治にどのように介入してきたかについては、三つの類型があると私は思います。

昭和二〇年代には、伝統仏教教団や新宗教教団が、宗教指導者を直接的に政界に送り込んでいました。しかし、政界に送ることのできる人数があまりに少数だと、会派を結成できなかったり、質問時間を割り当ててもらえなかったりする。そこで、今度は自分たちの意を汲《く》んでくれる政治家を後援する手法に切り替えたんです。これが第一の類型で、現在も続いています。

第二の類型は、教団が拡大していけば、政治家を直接送り込むだけのパワーを持てる、というものです。これは創価学会、公明党の例です。

旧統一教会は、この二つの類型とはまったく異なっています。非常に特異な教説と宣教戦略を持っているため、教団はそれほど拡張できない。そのことはわかっているわけです。だから、政治家の懐に飛び込みながら、隠された形で権力行為をおこなってきた。この部分が国民の目になかなか触れなかったんです。政治と宗教の問題を考える際に、私たちはこの第三の類型について十分考慮することができなかったのではないかと思っています。

釈　政治家が、選挙の応援という、その程度の見識で宗教を見ていたことに驚きます。政治家の宗教への認識の緩《ゆる》さ、甘さですね。旧統一教会の信者の皆さんには、ぜひその点を見てもらいたいと思います。あの政治家たちは共感もなく、自分たちのことを認識することもなく利用していたんだと。

　前にもお話ししたように、宗教というのは、取り扱いに大変な注意を要します。ですから、宗教に対する見識がいい加減なまま利用すると、どこかに歪みが生まれ、痛い目に遭い、今回の旧統一教会のような問題が起こる。そういうことだと思います。

島薗　政治家はたくさんの票を投じてもらい、選挙活動を効果的におこなう。そのために宗教団体に近づく。宗教団体は、政治家のよい覚えを得ればさまざまな形で自分たちが守られ、信徒を増やすのに効果があると。

釈　双方とも本当に、宗教をなめているというか、甘く見ています。宗教は大きな時計仕掛けの機械みたいなもので、いったん動き出したら止まらないんです。そのような危険性、危うさに対して、あまりにも無自覚ではないかと思うんです。

「政治ができること」と「宗教ができること」

島薗　そうすると、宗教と政治の関係というのは、宗教は結局政治に従属するしか道がないのでしょうか。おそらく皆さんは、そうではないと考えていると思うのですが。

若松　「政治ができること」と「宗教ができること」をもう一度考え直す必要があるのではないでしょうか。

　私たちは宗教が政治化していくことの恐ろしさを何度か経験しました。太平洋戦争のとき、多くの宗教団体が戦争を後押ししました。あるいは政治が宗教化していくときの恐ろしさも、途轍《とてつ》もない形で経験しています。このことの典型はナチス・ドイツです。ナチスはまさに「神なき」宗教だったと言ってよいと思います。

　政治と宗教とのあいだに緊張関係が持てなくなってしまうと、私たちはとても悲劇的な出来事を経験することになる。だからこそ、政治に託されていることと宗教に託されていることを分けて考えなければならない。

　宗教が本当にすべきこととは何なのでしょうか。たとえば、私たちは東日本大震災というとても大きな危機を経験しました。政治家はこのとき、被災地に物資を送ることができます。一方で、苦しんでいる人の心に寄り添うのが行政の仕事かというと、必ずしもそうではありませんね。

宗教者である私たちは当時、苦しんでいる人の心に寄り添わなければならなかったのに、もしかすると、私たち宗教者も物資を送ったのかもしれない。そのような、もう少し日常的なところから、宗教者独自の役割を考えないと、政治との緊張関係を保つことができないと思うんです。

川島　若松さんが言われた二つのベクトル、宗教の政治化と政治の宗教化についてですが、政治の宗教化があってはならないということは、まったくそのとおりだと思います。他方、宗教の政治化については、宗教が政治に適切な仕方で関わることはあると思うんです。今回の旧統一教会の問題で、宗教が政治に参与することがすべてダメであるかのように言ってしまうのは、また違うのかなとも思います。

宗教は、独自の世界観や倫理的な理想などを持っています。そういったことを実際に実現しようと思えば、やはり政治に関わらざるを得ませんし、そのなかで自分たちの理想を実現してくれそうな議員を応援することは、適切な仕方であれば認められるべきだと思うんです。

「政治」と「政局」の違い

若松　いまのお話はとても重要なご指摘だと思うので、言葉を整理させてください。私は、宗教の「政局化」と「政治化」をきちんと分けて考えたほうがいいと思っています。

いま、現段階で宗教が不用意に政治に触れると、宗教が政局化していく可能性があります。政局に直接的に参与することで、自分たちの理想を実現できるかのような、空想の中に飲み込まれていくのだと思うんです。

政局とは、権力を取り合うような政治のパワーのことです、つまり、宗教が政局化してしまうと、政治のパワーの戦いの中に入っていってしまう。でも、本来政治とは、権力を奪取することだけに限らないものです。もっと日常世界のさまざまなことを是正していったり、変革させていくのが政治であるはずなんです。政治というものは深いところで、人々の日常と深くつながり合うことができるはずで、宗教がその役割を果たすことができれば、それは意味ある宗教の政治化と言えるのではないでしょうか。

けれども現代では、権力を取ることにメリットを感じている部分がある。それが政局にほかなりません。だから私たちは、「政局」と「政治」との違いをきちんと感じ分ける必要があるのだと思います。

島薗　先ほど、東日本大震災のときに宗教者がどのような働きをしたかという話があがりました。私は、「宗教者災害支援連絡会」[*3]の活動に関わる中で、被災者の心の痛みに寄り添って、力になろうとする活動がたくさんあったことを聞いてきました。ですので、そこまで悲観的に見なくてもいいのかなとも思います。

若松　いまの島薗先生の「被災者の心の痛みに寄り添って、力になろうとする活動がたくさんあった」というお話を受けて、思い出した人がいます。マザー・テレサ[*4]です。

　マザー・テレサは、亡くなりそうな人の手を握りながら、さまざまな活動をおこないました。それを見たある人が、「あなたたちはもっと行政に働きかけるべきだ」と言ったそうです。行政に働きかければ活動がもっと大きくひろがって、いろいろなことが是正されるのではないかと言うんですね。そのときのマザー・テレサの返答が、とても印象深く残っています。

　マザー・テレサは何と言ったか。彼女は「私たちは行政サービスの代行をしているのではありません。行政が決して与えることのできない、愛とは何かということが私たちの問題なんです」と言っているんです。本当にそのとおりだと思います。

　行政サービスにできることは、もちろん行政サービスとしてできる。けれども、宗教が担う役割は別にあるんです。現代では、その点が見えにくくなっていると思うんです。

宗教者である私たちは、そのことについて繊細に表現し直さなければならないし、自分たちがおこなっていることを明確に語っていく必要がある。あるいは、語るよりも体現していくことが、とても大切だと思うんです。

釈　宗教の持つ聖なる領域も、決して社会や日常から離れているわけではありません。だからこそ、宗教は独自の価値体系を持ちながらも、社会と接触しなければならない。その点、宗教が社会の問題に関わることができる領域は、かなりたくさんあるのだと思います。

たとえば、貧困や差別などの問題に宗教として接触する際、宗教ができる取り組み方、宗教なりのアプローチはあるでしょう。そのように社会と共に動くことがあれば、場合によっては政治と共に動くこともあり得ると思いますね。

注

＊1 一八七一〜七三年に欧米へ派遣された使節団。幕末に締結した不平等条約改正の予備交渉、欧米事情の視察を目的として、特命全権大使の岩倉具視（一八二五〜八三）をはじめ、大久保利通、木戸孝允、伊藤博文ら政府高官や留学生など一〇七名が参加、一二か国を訪問した。条約改正予備交渉は失敗に終わったが、明治政府が日本の近代化を推し進める契機となった。

＊2 プロテスタント最大の教派。ルーテル教会とも言う。ドイツの宗教改革者マルチン・ルター（一四八三〜一五四六）が提唱した、聖書を唯一の拠り所とし、人は信仰によってのみ救われるとする教義を保持する。一六世紀以降、ドイツや北欧で国家と結びつきながら発展し、岩倉使節団が訪れたドイツ帝国内のプロイセン王国でも主流だった。現在の全世界の信者数は、公称七七〇〇万人。

＊3 二〇一一年三月一一日の東日本大震災を機に、翌月発足した、宗教者、宗教研究者による被災者支援の情報交換を目的とする団体。宗教の垣根を越えて活動している。

＊4 一九一〇〜九七。北マケドニア生まれのカトリック修道女。一八歳のときにインドへ渡り、生涯をかけて、病や貧困に苦しむ人々の救済に尽くした。七九年、ノーベル平和賞受賞。

近代国家が生んだ「犠牲のシステム」
～「国葬」問題の深層

小原克博

巧妙に宗教を取り込んできた近代国家

第5章では、宗教と政治、とくに国家システムとの関係について議論した。これを受けて本稿では、あらためて近代国家がどのように宗教を取り込んできたのかを、国際秩序整備の過程と、戦争のたびに様々な国家が援用してきた「犠牲《ぎせい》」の論理に注目して考察を深めたい。

現代の世界において、どのような価値観を国家の基軸とするかについては、民主主義から専制主義（独裁主義）、宗教による統治に至るまで、実に多様である。「近代国家」をめぐっても理解の幅があることは言うまでもないが、共通の思想基盤や、守るべきと考えられた国際秩序がないわけではない。近代国民国家の原型は一六～一七世紀の西ヨーロッパにおいて出現し、一九世紀ごろまでには欧米列強の世界進出（植民地化を含む）と共に欧米型の国家観が世界の全域に影響を与え、現在見るような領域国民国家（領土が国境によって排他的に区分されている）が形成されてきた。

　西洋においては、国家を国家として自立させるための基本要件の一つが、それ以前より絶大な力を振るっていた宗教的権威（キリスト教教会）を公的領域から排除し、政治と宗教を分離することであった。政教分離は国により多様な形を取ることになったが、政治（公的領域）と宗教（私的領域）を分離しながら、それを関係づける方策を模索してきたという点では共通している。

　こうした歴史的前提を確認しながらも、現代および近未来の国家のあり方を考えるために必要なもう一つの視点は、近代国家は今に至るまで、宗教的要素を国家の機能の中から放逐したのではなく、むしろ、それを巧妙な形で取り込んできたのではないか、という点である。宗教を一見排除しながら、それを取り込んでいるという、このアンビバレントな構造に光を当ててみたい。この問題は、決して欧米諸国のみに関わるものではないことを理解するために、最初に日本がどのような近代国家を目指したのかについて、政治と宗教の関係を中心に概観しておこう。

日本における政治と宗教

日本では、古代から江戸時代に至るまで、政治と宗教が分離されることはなかった。宗教は国家護持のための重要な役割を担わされてきた。元来、仏教においては出家者集団である「サンガ」は高い自律性（世俗秩序からの独立性）を求められてきたが、日本では、そうしたサンガが存在することはなかった。江戸時代においても、仏教寺院は幕藩体制を維持するための末端機関としての働きを求められており（檀家制度はその一つ）、宗教は政治と一体的に存在していたと言える。

そのような日本が、江戸時代末期には、政治と宗教の分離を前提とし、また、その分離のもとに信教の自由を求める欧米諸国と対峙することになった。熾烈《しれつ》なキリシタン弾圧からも明らかなように、政治秩序を脅かすと見なされた「邪教」に対しては、「踏み絵」などによって、信徒の内心を徹底してあぶり出すことが江戸幕府の基本姿勢であったから、政権の側に信教の自由を認める内発的な理由など微塵《みじん》もなかった。

しかし、明治維新以降、近代国家としての自立を目指す新政府は、信教の自由を保証しない国を対等な「近代国家」として見なさない欧米列強の前に、妥協せざるを得なかったのである。こうして、大日本帝国憲法第二十八条に信教の自由が記されることになるが、それは半ば外圧に屈する形で、必要悪として取り入れられたものであった。また、「日本臣民ハ安寧秩序ヲ妨ケス及臣民タルノ義務ニ背カサル限ニ於テ信教ノ自由ヲ有ス」とあるように、その自由は条件付きのものであり、信教の自由と相補的関係にある政教分離については大日本帝国憲法には記載されていない。

本編でも述べたように、岩倉使節団らが欧米の政治制度・教育制度などを広く視察する中で、明治の知識人たちは、近代日本の統治体制のモデルになり得る国としてドイツを見出した。王ですら処刑台に送るような英国やフランスのような国を真似るわけにはいかない。ルター派教会が一体となって皇帝ヴィルヘルムを支えるドイツの政教一体的な統治体制は、天皇を統治の頂《いただき》に置く国作りを考えていた明治政府にとって適合性の高いものであった。

このように、江戸時代までの政教一致、祭政一致的な体制と、欧米の多様な国家観が混ざり合う中で、日本にふさわしい「近代国家」のあり方が模索されたのである。第二次世界大戦の敗戦まで、天皇を中心とする祭政一致的な統治システムを有していた日本は、政教分離は言うまでもなく、信教の自由を国民の権利として自ら勝ち取ったという経験がない。戦後に制定された日本国憲法の第二十条に信教の自由がより十全な形で記されたとはいえ、それが人間の尊厳にいかに深く関わるかについての理解は、欠如したままであるかもしれない。

では次に、あらためて近代国家と宗教の関係について考えてみよう。

近代国家の成立と宗教の分離

冒頭で述べた政治と宗教の分離は、社会の近代化にともない自然に成立したものではない。中世ヨーロッパを見れば明らかなように、かつて宗教は強大な政治的影響力を持ち、また政治のほうも宗教的権威を利用していた。つまり、宗教は私的領域に限定されてはいなかったのである。では、どのようにして、二つの領域が分離していったのか。

ヨーロッパで政教分離の考え方が出てきたのは、ドイツ国内のカトリックとプロテスタントの対立に端を発し、次第に周辺国の覇権争いに飛び火した三十年戦争（一六一八〜四八年）がきっかけだった。ヨーロッパの多くの地域が紛争に巻き込まれ、疲弊し、多くの人々が戦禍の犠牲となった愚を繰り返さないために、統治機構と宗教勢力の関係性を見直す必要があったのだ。三十年戦争は、単純な意味での宗教戦争ではないが、国家間の権力闘争の背景にカトリックとプロテスタントの対立が大きな要因としてあったことは間違いない。

この戦争を終結させるため、一六四八年に、史上初の多国間条約であるウェストファリア条約が締結され、この条約が後のヨーロッパの国際秩序に大きな影響を与えることになった。ウェストファリア条約では、主権国家の領土権と、主権国家による相互内政不干渉の原則が謳われた。

それは一五五五年、ドイツの新旧キリスト教派間で行われたアウクスブルクの宗教和議で定められた「領主が領土内の宗教を決定する（cujus regio, ejus religio）」という原則を徹底したものであった。領土内の内紛を抑えて、安定した主権を確立するためには、領土と宗教が一対一に対応する排他的な同一化が欠かせなかったのであり、そのプロセスの中から主権国家が成立してくる。

そして、ウェストファリア体制に基づいた主権国家を成立させるには、国家は領民の忠誠心を宗教から国家へと移行させる必要があった。それは同時に、宗教を公的な領域から私的な領域へと移行させることを意味していた。宗教が持っていた共同体的な性格を剥奪《はくだつ》し、個人的な信仰心のレベルに限定することが、国家の安定のために欠かせなかったのだ。それが近代以降の新しい宗教理解の基本となったのである。

国家同士が相互の主権を尊重し、他国の内政には干渉しないというウェストファリア体制の原則は、紆余曲折《うよきょくせつ》を経ながらも、今日も国際社会の規範として受け継がれている。こうした次元における相互承認があってはじめて、主権国家は領土内の暴力手段（軍隊・警察など）を独占・制度化する正当性を保持することができるのだ。

しかし、このことは皮肉にも、近代国家が、戦争に国民を動員する道を開くことにもなった。「戦う国家」は、動員のために徴兵制度を整え、戦死者、すなわち「尊い犠牲」を払った者たちを弔うために国立墓地（戦没者墓地）を設立し、国に命を捧げた者たちを顕彰《けんしょう》する国家的な儀礼を行うことになった。

国家に多大な貢献をなした人物を国が主体となって弔う「国葬」は、その一つである。死者の弔いや祭儀は、伝統的には西洋では教会、日本では寺社の仕事であった。しかし、「戦う国家」は「弔う国家」となり、宗教を分離したはずの近代国家が、疑似宗教的な働きを担っていく。その一見矛盾した関係を読み解くための鍵となるのが「犠牲」の概念なのである。

近代国家に組み込まれた「犠牲のシステム」

豊穣《ほうじょう》や降雨などの祈願のために、神々に動物などを捧げる犠牲の祭儀は、古代より、多くの地域で宗教祭儀の中心を占めていた。もちろん、そうした犠牲の祭儀は前近代的迷信として、近代社会から追い出されていくことになるが、一九世紀から二〇世紀にかけてナショナリズムが台頭するにつれ、国家の尊い目的を達成するためには国民の自己犠牲が必要であるという考えが発達し、各国の政治システムやプロパガンダに組み込まれていった。その意味では、近代国家は宗教における犠牲の観念を破棄したのではなく、むしろ「犠牲のシステム」としてアップグレードしたと言える。

　近代国家の成立以降、西洋の多くのクリスチャンにとって、国のために戦って死ぬことと信仰とは矛盾しなかった。なぜなら、そこでは尊い目的のために命を差し出すことが模範的な自己犠牲として称賛され、「殉国」と「殉教」はほぼ同義とされたからである。ただし、二〇世紀初頭以降に、国のためであっても人の命を奪うことを拒否する「良心的兵役拒否」を表明する人々が増えてきたことも忘れてはならない。

犠牲の観念は、キリスト教に限らず、様々な宗教伝統に深く埋め込まれている。近代日本においては、犠牲のシステムの具体例として靖国神社を挙げることができる。靖国神社は国のために戦った戦没者の霊（「英霊」）を、その功績をたたえて祀《まつ》るために創建された。そして、靖国神社は日本の伝統的な宗教観念（霊魂観）を巧みに利用しながら、軍国主義の精神的支柱としての役割を果たしたのであった。

「犠牲」によって見えてきたもの

ナショナリズムに先導される「犠牲のシステム」と批判的な距離を確保するためには、犠牲の観念に対し精緻かつ幅の広い議論を喚起していく必要がある。ナショナリズムという言葉がおおげさに聞こえるなら、長らく「滅私奉公」が美徳とされてきた日本社会で、集団のための自己犠牲が正当化されていないかを問うこともできるだろう。宗教心（信仰心）を巧みに取り込んで自己犠牲を強いる宗教組織が、同じ原理を内包していることは言うまでもない。

安倍晋三元首相の銃撃事件（二〇二二年七月八日）は、「犠牲のシステム」について様々な形で再考するきっかけとなった。同年九月二七日に執り行われた安倍元首相の国葬は、国会における審議手続きの杜撰《ずさん》さや、膨大な経費の問題などで、野党のみならず国民を巻き込んでその是非が論争となった。

しかし、そうした目に見えやすい問題だけでなく、国葬が戦前的価値観（戦う国家・弔う国家）の残滓《ざんし》であることにも注意を向ける必要があるだろう。国政において大きな貢献をした人物に対し、また悲劇的な形で「犠牲」となった人物に対し、国家主導でその死が悼まれた事実について、歴史的な視点からも検証するべきだ。

一連の報道から判断すれば、銃撃事件の容疑者は、旧統一教会という巨大な「犠牲のシステム」の「犠牲」者であった。政治も宗教も、また、いかなる集団（家庭、学校、職場）もその規模にかかわらず「犠牲のシステム」を発動させることができることを考えれば、近代国家が取り込んだ宗教性は、社会の隅々にまで影響を与えていると考えた方がよいだろう。

第6章　宗教の〝公共性〟とは

宗教の果たすべき役割

島薗　ここまでのお話が、まさに最後の話題につながってきています。

最後に宗教の社会性、公共性、そして「宗教リテラシー」という問題について考えていきたいのですが、これに関して櫻井さんから問題提起をお願いします。

櫻井　私は、旧統一教会関連のさまざまな問題、あるいはカルト問題の研究者という形で紹介されることが多いのですが、ここ数年は宗教と「ウェルビーイング」の研究をおこなっています。

ウェルビーイングというのは、「幸せ」ですね。主観的な、その人なりの幸福感と、幸福感を成立させる社会的な条件、これらがどのようなバランスで成立しているのかを、社会意識調査を通して実証的に研究し、国際調査もおこなおうとしています。

宗教は、個人の幸福感を支えます。それと同時に宗教は、その人が幸福になるためには周囲の人も幸福でなければならないという当たり前のことを、社会性ということで教えていると思うんです。このことは、宗教団体が、個人の覚醒や解脱《げだつ》にとどまらず、社会全体を救済していくという目的を持って、さまざまな活動をおこなっていることにつながります。

社会保障が十分でなかった時代には、たとえば教育や医療、福祉などの公共的な領域に宗教が関わることで、宗教団体の果たした役割は大きかったと思うんです。これが発達してくると、宗教が社会福祉の後景に隠れてしまって、あまり表には出なくなっていくわけです。

しかし現在のように、社会保障や福祉の財源が厳しくなっている状況下では、宗教団体の力が社会保障や福祉の資源の一つとして表に現れるべきだと思っています。そして、その宗教団体の公共性をいったい誰が担保していくのかについては、宗教界や団体自身が自己批判的に内省していくことが肝要です。それができない場合には、宗教研究のアカデミズムや、メディア報道での批判、あるいはトラブルとなったときには司法において裁判官が適切に判断するという、第三者の視点が必要なのではないかと私は思うんですね。

その第三者の視点に加えて、宗教者が適切に提供するわかりやすい語りによって、宗教リテラシーというものが構築されていくのではないでしょうか。宗教リテラシーがある程度普及していけば、カルト問題は縮小していくのではないかと楽観視しているところもあります。

宗教を「学ぶ国」と「学ばない国」

小原　いまの櫻井さんの議論に関連づけて、ヨーロッパの事例で宗教リテラシーについて整理してみたいと思います。

　フランスはかつて、ヨーロッパの中でも、カルトの犠牲者の数がすごく多かった国です。ですので、フランスは「反セクト法」[*1]を作らざるを得ないほど追い込まれました。他方、ドイツではそれほどでもありませんでした。では、いったいどこに差があるのか。

　フランスの場合には「ライシテ」[*2]という厳格な政教分離のもとで、公教育から宗教教育を徹底して排除していきました。これは戦後日本と非常によく似た状況です。こうなると、宗教に対するアンテナが働かなくなるんです。ですから、カルト的な何かが入り込んできても、それが怪しいものだと気づくことができず、簡単に騙《だま》されてしまう。

　一方、ドイツの場合には、法律によって宗教教育が命じられています。かつては、その対象はカトリックとプロテスタントの二つで、そのどちらかを勉強することになっていました。その後、どちらも嫌だと言う人には倫理という教科を教えることになり、最近ではイスラームの授業もあります。つまりドイツでは、宗教についてきちんと学び伝統宗教の基本をリテラシーとして身につけることが、カルト的なものに対する防波堤になっているんです。

　ドイツはカルト対策を考えて宗教教育をおこなったわけではありませんが、結果としてフランスとドイツのカルト犠牲者の数には差が出ています。そう考えると、櫻井さんが望まれたように、宗教リテラシーをひろげていくことによって、カルト問題が解決する可能性があることの一つの事例として見ることができると思います。


釈　今回は、安倍元首相の銃撃事件という悲しい事件がきっかけではあったわけですが、久しぶりに宗教を学ぼうという機運が高まるのではないかと思っています。思い返してみると、宗教にスポットが当たったのは、一九九〇年代のカルト宗教問題、その後の九・一一のテロ事件以来だと思います。

　ただ、日本でも宗教リテラシーに対する要請はあるんです。たとえば、中央教育審議会では、三度にわたって「公教育でも宗教教育をするように」という答申が出されています[*3]。その理由は三つあると思います。

　一つは、やはりグローバル化です。私たちはこれから、馴染みのない信仰を持った人たちと一緒に社会を運営していかなければなりません。ですので、宗教についての知識は当然必要になる。

二つ目が、カルト宗教問題です。宗教に対する免疫がなかったり、マインドコントロールや勧誘の手法について知識がなかったりするのは、やはり危ない。

三つ目が、宗教は人類の知恵の結晶で、社会とは別の価値体系があるので、それを学ぼうというものです。

いまは、戦後から現代まで続いてきた「教育から宗教的要素をアレルギー的に排除する」という流れが、「宗教について学ばなければならない」という方向へと移行する転換期を迎えているのではないでしょうか。これまでのようにスキャンダラスな取り上げ方ばかりされずに、これをきっかけに宗教を学ぶ機運が高まり、教育についての議論へとつながってほしいと願っています。

いま必要な「宗教リテラシー」とは

川島　私は大学におけるカルト対策を通して、二〇年ものあいだカルト教団のリーダーや信者と関わり、また自分自身も宗教者として教団内に身を置いてきました。その経験から、宗教リテラシーが本当に必要だと切実に感じます。

では、具体的にどのような宗教リテラシーが必要なのか、私は三つあると思っています。
一つは、「宗教はやめられる」ということです。やめたいと言う人に対して、周りにいる人は「やめちゃえば」と簡単に言うかもしれません。しかし宗教指導者が、ある人が団体にいたくないと言ったときに、後追いしないで脱会するプロセスを示せるかどうかが重要だと思います。

このことと極めて強くリンクしているのですが、二つ目は、自分の宗教と他の宗教との関係を、どのように考えるかということです。

ジョン・ヒック[*4]という二〇世紀後半の宗教哲学者がいます。彼は、他の宗教に対してどのような立ち位置の取り方があるのかについて、三つの類型を示しています。それが「排他主義」「包括主義」「多元主義」です。

排他主義とは自分たちだけが正しい真理だとする立場のことです。包括主義とは、他の宗教も真理の断片は持っているけれども、自分たちの宗教こそが究極の真理を持っているとする立場のこと。それに対して多元主義とは、対等にすべてを等しく認めていく立場のことです。

いま、宗教者のあいだで最も取られている立場は、包括主義的な立場です。一つ目で述べた「ここがダメなら、他でもいいよ」ということを、宗教者自身が言えるだけの寛容さを持てるかどうかが大切だと思います。

三つ目は、宗教研究者の宗教リテラシーの問題です。オウム真理教のときもそうでしたが、宗教学者が本当に批判的に宗教を見るためには、その宗教の何がどのようなときに問題となり得るのかを学問の方法論として持っておく必要があります。

宗教というのは、ときに病むものなので、宗教の病態についてアカデミックに突き詰めていく方法論を確立することが、宗教研究における一つのリテラシーとして求められていると思っています。

若松　私は、宗教がいま人々に向かって語るべきことは二つあると思っています。

一つ目は「尊さ」です。人間の存在というものは、限りなく尊い。尊さとは、あなただけではなくて、横にいる人にも自分に敵対すると思っている人にもあるものなんだ。そのように、誰の中にも尊さがあることを、宗教はもう一度語り直すべきだと思います。

私たちがこの場で考えてきた問題の根底にあるのは、「尊さは私にだけにある」という考え方なのではないでしょうか。もし仮に宗教が「尊さはあなたにだけあります」といった言い方をして、自分だけにある特別なものを発見したいと思うことがあると、とても大きな迷いの中に入ってしまう。尊さとは万人に与えられていて、あなたと意見を異にする人の中にもあるものなんだ。そのことを照らし出していくのが宗教だと思うんです。

もう一つは「等しさ」です。私たちは社会から「他者より優れている」ことを求められることが実に多い。たとえば、学校では成績が優秀であることが素晴らしいことで、会社では業績をもたらすことが素晴らしいことだと。確かに、社会的にはそれでいいのかもしれません。

けれども宗教では、いかにして等しさを探究していくかが大切になってくる。人は秀でているか否かにかかわらず、根底において等しいところに立ち得るんだということを、宗教が語り続けていく必要があると思うんですよ。尊さと等しさが、現代では見つけづらくなっているからです。

尊さや等しさとは、それらを新しく作り出していくというよりも、もともとあるものを発見していくものだと思います。人間の尊さや等しさは、私たちの中にもともとあるものなんだ。これは宗教者だけが語り得ることだと思うんです。ですから、そのことについて力を込めて、さまざまな形で表現できるといいなと思ったりしています。

釈　これから私たちの社会は、たくさんの外国の方を受け入れる方針で進められるのは間違いありません。ですので、あまり馴染みのない宗教が身近になってくるでしょう。その人たちと一緒に社会を運営していくことを考えると、宗教について学んだり考えたりするのは、避けては通れない喫緊《きっきん》の課題だと思います。

理解する前に尊重する

若松　いまの釈さんのお話に沿って言うと、異なる文化の人たちが明言し得ない形で重んじているものを、理解できなくても重んじることが大事なんだと思います。理解できないと重んじられない、ではなくて、理解する前に重んじる。
　理解を前提に重んじていく以前に、重んじることを中心におく。そのような宗教リテラシーがあるといいなと思ったりします。そういった非言語的な文脈を汲み取っていく必要があるという意味で、やはり宗教リテラシーはとても大切なものです。
小原　いまのお話は、日本の未来につながっていくべきだと思います。私たちは、理解することで尊ぶこともできるかもしれません。でも、その人が尊んでいるものを自分自身も尊ぶことができる、十分に理解できていなくても私は尊びます、というところまで到達できれば、宗教リテラシーの目的は果たされていると思うんですよ。

　宗教リテラシーとは、すべての宗教の知識をマスターするということではないんです。学者が研究するように宗教の聖典や歴史などを細部にわたって勉強することが必要なのではなく、その人は遠い外国から来たかもしれないけれども、いま同じ社会に住んでいる、一緒に生きている。そんな隣人たちが尊んでいるものを、自分も尊ぶことができるような境地に達する宗教リテラシーを、きちんと底上げすることができれば、日本の民主主義の豊かさにつながっていくと思うんですよね。

釈　確かに、知識があれば尊重できるというものでもなくて、知識があるからこそできる残虐な行為だってたくさんあるわけですよね。もちろん、お互いにすべてを受け入れることはできないかもしれません。誰にだって理解できない領域は必ずあって、共感できない領域だって生まれます。

　だからこそ、敬意をもって、どこまで受け入れて、どこで折り合いをつけるか。そのうえで、どのように社会を一緒に運営するのか。そこには公式などないわけですから、宗教についての感性と成熟が課題になってくるのではないでしょうか。

若松　哲学者の井筒俊彦[*5]が「対話と非対話」という論考で興味深いことを言っています。

現代は確かに対話の時代だったと。けれども、われわれは対話の彼方に果たして何かを見出すことができたのだろうか。そのことを真剣に問い直さなければならない地点に立っている、と言うのです。宗教という問題はもしかすると、「対話の彼方」というよりも、「彼方での対話」なのではないかと言うんです。

　彼方での対話というと、抽象的に聞こえるかもしれませんが、それは「沈黙」について考えてみることです。その語られざる何かというものを、真剣に捉え直してみることを、私たちは忘れてしまったのではないか。井筒俊彦はそのように言っています。

釈　対話というものは、時に本当にむなしいと言いますか、誰もができる行為でありながら、成果が生まれないことが少なくない。特に、宗教間の対話はそういうものなんですよ。でも、それしか他に道がないという、対話とはそのような性質のものです。

島薗　そろそろ時間もきましたので、私なりのまとめを述べたいと思います。

　先ほど若松さんから、人の尊さや等しさを学ぶべきではないかという話がありました。では、日本人に「尊さや等しさについて、学校の何の授業で学びましたか」と聞いたら、おそらく多くの人は「道徳」「倫理」と答えるのだろうと思います。人の尊さや等しさについては宗教から学ぶことができるのに、日本人はそれを道徳や倫理の問題だ

人の尊さや等しさについては宗教から学ぶことができるのに、日本人はそれを道徳や倫理の問題だと思っている。
——島薗 進

と思っている。私の理解では、この感覚は戦前の「修身」からきています。そして「修身」は神聖天皇宗教が核にある教育勅語と不可分のものと理解されていました。

つまり、日本人が「自分は無宗教だ」と言う場合には、いつの間にかそのような歴史的な自己理解が入っていたりすることがあるわけです。ですから、宗教における「他者」を理解することも大事である一方で、これまで見てきたような歴史的な文脈で「自分」というものを理解していくことも、やはり重要なのではないかと思いました。

非常に重い問題を議論してきました。この問いを共有して、さらにさまざまな場所で深めていくことができればと思います。集まっていただいた皆さん、どうもありがとうございました。

全員　ありがとうございました。

注

＊1　二〇〇一年にフランスで制定された、カルトを規制する法律。正式名称は「人権及び基本的自由の侵害をもたらすセクト的運動の防止及び取締りを強化するための二〇〇一年六月一二日法律二〇〇一－五〇四号」。セクトは、カルトのフランス語圏での呼称。犯罪行為を繰り返すセクト的団体に対して、裁判所が解散を命じることを可能にした。

＊2　フランスにおける政教分離の原則。全市民に対して法のもとの平等と信教の自由を保障し、国家や公立学校などの公共の場から宗教を排除するというもの。一九〇五年制定の政教分離法で規定された。

＊3　二〇〇三年三月二〇日付「新しい時代にふさわしい教育基本法と教育振興基本計画の在り方について」では、「宗教に関する寛容の態度や知識、宗教の持つ意義を尊重する」旨を規定すること、「宗教的情操に関連する教育」の充実を図ることを提言している。

二〇〇八年一月一七日付「幼稚園、小学校、中学校、高等学校及び特別支援学校の学習指導要領等の改善について」では、中学校や高等学校の社会科において、伝統や文化などと共に、宗教に関する学習を重視する方向で改善を図ることを提言している。
二〇〇八年四月一八日付「教育振興基本計画について―「教育立国」の実現に向けて―」では、「異なる文化的背景を持つ人々との相互理解を深め、国際社会において主体的に行動できる人材を育成するため、(中略)宗教に関する一般的な教養に関する教育の推進を図る」ことを提言している。

*4　一九二二〜二〇一二。イギリスの宗教哲学者。宗教の多様性を認める宗教多元主義の提唱者として知られる。著書に『ジョン・ヒック自伝　宗教多元主義の実践と創造』など。

*5　一九一四〜九三。哲学者、言語学者。日本におけるイスラーム学の第一人者であり、『コーラン』の翻訳でも知られる。三〇以上の言語に精通し、比較思想、言語哲学、東洋哲学の分野でも功績を残した。著書に『イスラーム思想史』『意識と本質　精神的東洋を索めて』など。

おわりに

宗教と社会、そして人間のこれから

島薗進

「カルト」という言葉の使い方

「カルト」という言葉は広く認められている定義がなく、明確な意味をもつ用語として使いにくいものだ。日本や米国のように新宗教や新たに生まれる新宗派・新教団が多い国では、それらのなかでどのようなものを「カルト」とよぶのか判断が難しい。人権侵害や違法行為が多く起こったり、閉鎖的でメンバー以外の人々とのコミュニケーションが取りにくく、対立関係を招きやすい宗教集団を「カルト」とよぶことが多い。

その性格はさまざまであるが、メンバーだけで他から隔絶された世界を作る閉鎖性、外部に強力な敵があるとしてそれを排除することを目指す排外性、そのような特徴をもちながらも社会に積極的に打って出て勢力拡張を目指す攻撃性などが挙げられる。旧統一教会やオウム真理教の場合には、それに加えてメンバーからさえも徹底的に収奪しようとする対内攻撃性が顕著だったが、これは閉鎖性と攻撃性が結びついた特徴だった。

このような集団にどっぷりと浸《つ》かっている家族のもとで育った子どもは社会適応が容易でなく、一生の早い段階から苦難を強いられることが多い。宗教二世、カルト二世とよばれるような問題だ。顕著な例は旧統一教会とともにエホバの証人でも起こっている。

エホバの証人は一九世紀以来の歴史をもつ米国生まれの教団だが、違法活動が目立つわけではない。徴兵忌避や輸血の拒否で問題を起こしてきたが、子どもの輸血を親が拒否することは認められないという判決が出ている。だが、子どもに対して身体を傷つけるような罰を行ったり、子どもを一般社会から隔離しようとする傾向があるため、多くの宗教二世がそのためにこうむった苦しみを訴える事態が生じている。しかし、違法行為や対外攻撃的な活動が多いわけではないため、これを「カルト」とよぶかどうか判断が分かれるところだ。

宗教と人権をめぐる問題

だが、これは「カルト」だけのことか。欧米諸国や日本から見てはなはだしい人権侵害と見られることが、イスラーム諸国では是認されているように見えることもある。外出時は黒いベールをかぶり、ほとんど顔の表情も見えないような服装を女性に強いる地域もある。現代の産業先進国の基準から見てはなはだしい人権侵害が行われているように見えるからと言って、直ちにその基準をその地のイスラーム的規範にあてはめ押し付けようとすることが変革にプラスになるかどうかは議論のあるところだ。

欧米諸国では、妊娠中絶を許容するかどうかが長く争点になっており、産む産まないを決める女性の権利（リプロダクティブ・ライツ）を重視する中絶容認派と、生まれてくるはずの子どもの生存は神聖なものだとするキリスト教保守派が対立している。保守派はしばしば男性優位の家族形態や性モラルを重視し、女性や性的マイノリティの人権の主張には消極的な姿勢をとる。

宗教と人権をめぐるこうした問題は、旧統一教会問題と無縁ではない。実際、旧統一教会は男性優位の家族形態や性モラルを尊ぶ姿勢を打ち出しており、それを掲げて保守的政治家への働きかけを強めていた。米国などでは、これは宗教右派とよばれており、この人たちはキリストの再臨と終末の到来を待望し、そうしたモチベーションで最後の戦いの場であると信じられた中東への好戦的な姿勢を示したりする。

人間性の軽視が顕著な教団

このように宗教と人権の問題をめぐっては、単純な答えを導き出すことはできない。しかし旧統一教会の場合は、（1）人間性の軽視（他者を人として尊ぶ姿勢の欠如）が顕著であることと、（2）長期にわたって人権侵害が続けられてきた、という点で特異である。以下、この二点について述べていきたい。

前者については、多くの信徒を含めた人々からの収奪がはなはだしく、徹底的に金銭を収奪するとともに、それが正当であるとする教えがきわめてひんぱんに説かれ、他者を痛めつけることが信仰生活に広くゆきわたるような事態が生じてきたことに注目すべきだ。試練にあい、それに耐えることの意義を説くのは多くの宗教にあることだ。また、宗教が聖戦を説いて敵のいのちを奪うことを促すことも歴史上、数えきれないほど起こった。

だが、平常時に数多くの巧妙な策略をもって個々人の弱みにつけこみ、本来の意図を隠した欺瞞的《ぎまんてき》な説得術を執拗《しつよう》に用いて、組織への従属と金銭の収奪を最大化しようとする。しかも、それが法的に摘発《てきはつ》されても、組織の責任が問われないように徹底した責任回避対策をとる。また批判者や批判的なメディアへのいやがらせや威迫を行う。こうした教団はこれまで他になかった。これほどまでに人間性を軽視する団体を日本の宗教史上で見出すのは困難だし、現代世界を見渡しても珍しいものだ。

なぜ、長期にわたって人権侵害が継続したのか？

そこで、こうした特徴をもつ旧統一教会が、（2）長期にわたって人権侵害が続けられてきたのはなぜか、という問いが生じる。一九六〇年代から信徒の家族からの激しい抗議の声が上がっており、一九七〇年代後半には違法性が早くから指摘されていた霊感商法が始まっている。八〇年代には多くの訴訟や返金要求がなされるようになっていた。だが、警察による取り締まりが行われたのは、ようやく二〇〇〇年代後半になってからである。

なぜか。一つには、教団本部が外国にあるために、日本における人権侵害の実態を教団本部が自覚しにくかったという事態がある。韓国にある教団本部は、日本の市民や信徒の苦境を思いやるよりも、ノルマを課して巨額の資金を貢《みつ》がせることをよしとした。しかもそれはアダム国家である韓国に対し、サタンにそそのかされて罪を人類に持ち込んだエバ（イヴ）の系譜を引くエバ国家である日本の責務であるというような、差別意識に満ちた教えを説いていたのである。このようなはなはだしい人間性軽視の事態は日本以外では起こっていない。

もう一つは、日本で政治家を初めとする有力者と友好関係を結び、その力を利用することによって、自らの利益追求を強めていったということだ。すでに一九六〇年代から七〇年代にかけて、勝共連合、原理研究会、世界平和教授アカデミーなどという組織を通してその影響力を示し、学者やマスコミが批判的な言及をするのを萎縮させ、警察が取り締まりにくい体制を築いていったことが推測される。

私は一九七七年に設立されて間もない時期の筑波大学に研究員（文部技官）として就職したが、当時の筑波大学副学長であり、やがて学長となった物理学者の福田《ふくだ》信之《のぶゆき》は世界平和教授アカデミーの有力メンバーであり、『文鮮明・思想と統一運動』（一九八七年）、『21世紀の希望と統一運動　大学教授がみた世界救済への道』（一九九〇年）などの著書がある人物である。哲学思想学系という人文系の組織に所属した私のような者にも、自由な言論を恐れるような雰囲気が感じられた。

宗教・政治・人権

これは、政治と宗教の関係という問題に関わる。旧統一教会が政治家らの力を利用することによって、はなはだしい人権侵害をもたらすような形での伝道活動を拡張し、それにもかかわらず社会の抑制力が働かなかったという事態を招いた大きな要因と見なさざるをえないからだ。

だが、政治が宗教を利用し、宗教が政治を利用することで人々の抑圧を支えるということについては、長い歴史がある。この歴史に楔《くさび》を打ち込み、そこに限界を設けようとしたのが近代国民国家であり、そこでの立憲政治と政教分離体制であった。こうして、宗教や思想の違いを超えて、すべての人の尊厳を尊び、基本的人権を重んじる社会への歩みが始まった。

立憲政治と政教分離のもとでも、宗教は信仰を背景にもつ共通善を掲げ、世俗主義や社会主義も含めて、他の信念体系と共存するという前提のもとで、公共空間に参与するという形での政治参加を行うことができる。そのようにして、民主主義社会の公共の福祉に貢献することも可能である。たとえば、第二バチカン公会議以後のローマ・カトリック教会はそのような方向で貧困や差別の撤廃、平和や核兵器反対、環境問題などについて積極的に発言を強めている。

　では、それは民主主義的な価値観に宗教が従属することを意味するのだろうか。ここで考えなければならないことは、そもそも人権の理念はすべての人に尊い存在意義があるとする宗教的な理念を引き継ぐものとして捉えうるということだ。これはキリスト教だけではなく、仏教にもイスラームにもあり、世界の諸宗教に広く見られるものだ。たとえば、一九世紀中頃に創始された日本の天理教にも、「世界一れつは皆きょうだい」という教えがあることを思い出したい。

宗教について学び直し問い直す必要性

　近現代の人々が「人間の尊厳」とか「いのちの尊さ」という言葉で理解しようとしているものには、宗教的な背景がある。逆に言うと、人権の理念を単に社会的共存のための形式的なルールとして捉えるのでは、実効性の薄いものになる。現代社会で民主主義や近代政治体制への疑いが広まる所以《ゆえん》でもある。

宗教や他の世界観が培ってきたような共通善の理念、良き共同生活の理念が、世俗主義が有力になってきた時代にも人権の理念を支える重要な役割を担っていると考えたい。このことはあまり思い起こされることがないが、宗教を学ぶことの核心的な意義の一つである。

だが、宗教が人権に反するような方向に向かっていることも、歴史上少なくなかったし、現代においてもそうである。旧統一教会において人間性を軽んじる行動が目立ち、多くの人権侵害をもたらしてきたことは良い例である。そしてそれは、日本の「カルト」に限ったことではない。また、その理由も単純ではない。よって、どう対処すべきかという答えもかんたんに導き出せるものではない。だからこそ、私たちは宗教について繰り返し学び、またともに考え直していく必要がある。

現代社会の共通基盤として人権尊重や民主主義に基づく社会があるとしよう。その共通基盤もきわめて不確かなものであり、違和感や異論が常に現出している。そして宗教がそのような混乱の大きな要因とも捉えざるをえないのが、日本だけでなく人類史の現状だろう。

そのような事態においてこそ、宗教とは何か、宗教と政治の関係はどうあるべきか、そして宗教と人権の関係はどのようなものか、といった事柄を問い直す必要がある。私は今回の六人の話し合いがそのような方向性をもち、そのことをさらに考え続けていくことをお互いに、そして聴き手、読み手の方々に促すものであったと考えている。

こころの時代 ～宗教・人生～

2回シリーズ「徹底討論 問われる宗教と〝カルト〟」

・前編 〝カルト〟問題の根源をさぐる（60分）
初回放送：2022年10月9日（日）5:00～6:00　NHK-Eテレ

・後編 宗教といかに向き合うか（60分）
初回放送：2022年10月16日（日）5:00～6:00　NHK-Eテレ

・YouTube配信版（10分×4本）
❶〝カルト〟ってなんだろう？ https://www.youtube.com/watch?v=sUO8lmXVeqw
❷反社会と反体制はちがう？ https://www.youtube.com/watch?v=0-WpT8wRoCs
❸政治と宗教 どう関わる？ https://www.youtube.com/watch?v=waqC7YTWJh4
❹これからの宗教は？ https://www.youtube.com/watch?v=xOgaeULYJFQ

【テーマ音楽】ウォン・ウィンツァン
【予告ナレーター】高井正智

【テクニカルディレクター】谷口浩司
【撮影】湯村武士　齊藤文彦　大宅夏海　桜井勝之　浅見織恵　津田一樹
【照明】小野寿之　中井智行　竹市光男　片山歩香
【音声】石野彩耶　鈴木彰浩　篠 なほ子　日下 南
【映像技術】中村龍介　友成將人　田口 彩　岩本美緒　塚原克明

【美術セットデザイン】室岡康弘
【美術プロデューサー】唐木怜子
【美術進行】矢野馬雅子
【装置進行】田中 亮
【道具操作】佐藤栄一　中村 靖
【美粧】此池祥子
【ペイントワークス】朴 俊錫

【取材】浅井靖子
【取材協力】林原摂子
【音響効果】日比康二
【編集】田村 愛　行徳美津子
【フロアーディレクター】松本友花里　本多真弥
【ディレクター】矢部裕一　平位 敦
【制作統括】鎌倉英也

【制作担当】NHKクリエイターセンター第2制作センター（文化）「こころの時代」班

［著者プロフィール］

島薗 進 しまぞの・すすむ

1948年生まれ。宗教学者。東京大学文学部宗教学・宗教史学科卒業。同大学大学院人文科学研究科博士課程単位取得退学。東京大学名誉教授。上智大学グリーフケア研究所前所長、日本宗教学会元会長。専門は近代日本宗教史、宗教理論、死生学。

釈 徹宗 しゃく・てっしゅう

1961年生まれ。浄土真宗本願寺派如来寺住職。相愛大学学長、NPO法人リライフ代表。大阪府立大学大学院博士課程修了。専門は宗教思想。『落語に花咲く仏教 宗教と芸能は共振する』（朝日選書）で第5回河合隼雄学芸賞を受賞。

若松英輔 わかまつ・えいすけ

1968年生まれ。批評家、随筆家。2016年『叡知の詩学 小林秀雄と井筒俊彦』で第2回西脇順三郎学術賞受賞、2018年『詩集 見えない涙』で第33回詩歌文学館賞詩部門受賞、『小林秀雄 美しい花』で第16回角川財団学芸賞、2019年に第16回蓮如賞受賞。

櫻井義秀 さくらい・よしひで

1961年生まれ。北海道大学大学院文学研究院教授。1987年北海道大学大学院文学研究科博士課程中退。博士（文学）。専門は宗教社会学、東アジア宗教文化論、タイ地域研究、ウェルビーイング研究。2020年より日本脱カルト協会顧問。

川島堅二 かわしま・けんじ

1958年生まれ。東北学院大学文学部総合人文学科教授。1992年東京大学大学院人文社会系研究科博士課程満期退学。博士（文学）。日本基督教団の教会で10年間牧師として働いた後、恵泉女学園大学教授、学長を経て2018年より現職。2020年より日本脱カルト協会顧問。専門は宗教学、宗教思想。

小原克博 こはら・かつひろ

1965年生まれ。同志社大学神学部教授、同大学良心学研究センター長。1996年同志社大学大学院神学研究科博士後期課程修了。博士（神学）。専門はキリスト教思想、宗教倫理、一神教研究。

協力　ＮＨＫ「こころの時代」制作班
編集協力　山崎香織
校閲　香月美紀子
　　　福田光一
ＤＴＰ　ＮＯＡＨ

NHK出版新書 692

徹底討論！
問われる宗教と〝カルト〟

2023年1月10日　第1刷発行

著者　島薗 進　釈 徹宗　若松英輔
櫻井義秀　川島堅二　小原克博

発行者　土井成紀

発行所　NHK出版
〒150-0042 東京都渋谷区宇田川町10-3
電話 (0570) 009-321(問い合わせ) (0570) 000-321(注文)
https://www.nhk-book.co.jp (ホームページ)

ブックデザイン　albireo

印刷　壮光舎印刷・近代美術

製本　二葉製本

Printed in Japan　ISBN978-4-14-088692-2 C0236

NHK出版新書好評既刊

メタバースビジネス覇権戦争

新清士

プラットフォーム争奪戦を勝ち抜くのは、どの企業か?! VRビジネスを長年取材してきた著者が、GAFAMから日本企業までの動向を徹底解説！

682

オスとは何で、メスとは何か？

「性スペクトラム」という最前線

諸橋憲一郎

雌雄はじつは連続している？ 性は生涯変わり続ける？ 全ての細胞は独自に性を持っている!? 様々な生き物から解き明かす、常識が変わる生物学講義。

683

「気づき」のがん患者学

サバイバーに学ぶ治療と人生の選び方

古川雅子

現場を20年近く、100人以上の患者を取材してきた著者が、最新治療を取り入れる際の考え方、仕事も人生も諦めない方法など、ヒントを伝える。

684

脱・下流老人

年金、生きがい、つながりを立て直す

藤田孝典

高齢者の困窮はどうやって解決できるか。最低限の年金を保障する制度、生きがいの回復、地域におけるつながりの創出等の視点から提言する。

685

試験に出る現代思想

斎藤哲也

センター試験・共通テスト「倫理」厳選23問を入口に、20世紀以降の哲学の流れと見取り図を示す。難解な思想の基本がサラリとわかる入門書！

686

壊れゆく世界の標《しるべ》

ノーム・チョムスキー
デヴィッド・
バーサミアン［聞き手］

社会の底が抜けた今、我々はどのような指針とアイデアを持つことができるか？ 現代最高の知性がコロナ禍のアメリカで示した変革の構想と道筋。

687